# EVANGELHO DE LUCAS

MAX LUCADO

# Lições de vida

## EVANGELHO DE LUCAS

### JESUS, O FILHO DO HOMEM

Traduzido por DANIEL FARIA

mundocristão
São Paulo

Os textos de referência bíblica foram extraídos das seguintes versões: *Almeida Revista e Atualizada* (RA), da Sociedade Bíblica do Brasil, e *Versão Fácil de Ler* (VFL — Novo Testamento), © 2006 da World Bible Translation Center (disponível em www. bibleleague.org). À exceção dessas referências, as demais citações são da *Nova Versão Internacional* (NVI), da Biblica, Inc.



*Dados Internacionais de Catalogação na Publicação (CIP)*
*(Câmara Brasileira do Livro, SP, Brasil)*

---

Lucado, Max
Evangelho de Lucas: Jesus, o filho do homem / Max Lucado; traduzido por Daniel Faria. — São Paulo: Mundo Cristão, 2014. — (Coleção lições de vida)

Título original: The Gospel of Luke

1. Bíblia. N.T. Lucas – Comentários I. Título. II. Série.

12-09616 CDD-226.407

---

*Índice para catálogo sistemático:*
1. Evangelho de Lucas : Comentários 226.407
2. Lucas : Evangelho : Comentários 226.407
*Categoria:* Educação cristã

Publicado no Brasil com todos os direitos reservados por:
Editora Mundo Cristão
Rua Antônio Carlos Tacconi, 79, São Paulo, SP, Brasil, CEP 04810-020
Telefone: (11) 2127-4147
www.mundocristao.com.br

1ª edição: março de 2014

# SUMÁRIO

Estudar a Bíblia é um dos grandes privilégios que recebemos do Senhor. É desejo dele que conheçamos sua Palavra inspirada, que é útil para o ensino, *para a repreensão, para a correção e para a instrução na justiça, para que o homem de Deus seja apto e plenamente preparado para toda boa obra* (2Tm 3.16-17). Somos incentivados a crescer *na graça e no* conhecimento *de nosso Senhor e Salvador Jesus Cristo* (2Pe 3.18). O próprio Jesus nos ensinou a amar a Deus de todo o nosso *entendimento* (Mc 12.30).

Para atingir esses objetivos, ele designou alguns como *pastores e mestres*, a fim de edificar seu povo e conduzi-lo à maturidade na fé (cf. Ef 4.11-16), e Max Lucado, como um desses vocacionados, tem se comprometido com o reino no ensino da Palavra. Por isso, temos a satisfação de oferecer à Igreja evangélica este valioso material didático para ser usado em grupo, porque acreditamos que o estudo em conjunto torna o aprendizado interessante, rico e produtivo (cf. Pv 27.17). Porém, não existe nenhum impedimento ao estudo individual.

A fim de tornar o aprendizado mais eficaz, apresentamos algumas dicas importantes:

1. Antes de tudo, ore e peça orientação ao Senhor para que a Palavra seja ensinada e entendida com fidelidade e clareza.
2. Prepare-se adequadamente. Familiarize-se bem com cada lição e não deixe de buscar subsídios para enriquecer o ensino.
3. Torne o aprendizado interativo e incentive a participação de todo o grupo.
4. Trate com respeito todas as contribuições dos participantes. Se houver necessidade de divergir de alguma ideia ou corrigi-la, faça-o com mansidão e brandura (Gl 6.1; Ef 4.2; Tt 3.2; Tg 3.13).
5. Evite que uma pessoa domine a discussão. Isso inclui o líder. Assim, para proporcionar o crescimento do grupo, resista à tentação de dominar ou manipular a coletividade e impor seus próprios pontos de vista.

6. Use a imaginação e a criatividade para incrementar as aulas. Recorra a símbolos visuais, vídeos, músicas, dramatizações etc. Lembre-se: faça isso com moderação.

## Versões bíblicas: nota importante

Para Max Lucado é imprescindível ler um texto bíblico em diferentes versões da Bíblia a fim de estabelecer comparações. No original em inglês, ele usou uma versão mais moderna, com linguagem menos formal e bem coloquial, e outra mais formal e tradicional. Assim, para sermos fiéis à proposta do autor, usamos na seção "Inspiração" duas versões em português que correspondem às intenções de Max Lucado: a tradicional e bem conhecida *Almeida Revista e Atualizada* (2ª edição, da Sociedade Bíblica do Brasil) e a menos conhecida *Versão Fácil de Ler* (Novo Testamento), anteriormente publicada pela Editora Vida Cristã, mas hoje se encontra disponível gratuitamente no *site* da World Bible Translation Center: <www.bibleleague.org>.

## Conclusão

Esperamos que estas orientações e sugestões sejam úteis para todos os membros do grupo; que todos cresçam juntos e façam destes estudos um marco em sua formação espiritual, com o objetivo de serem a cada dia mais parecidos com Jesus, nosso Senhor e Salvador.

Os Editores

Você tem um livro especial em mãos. Palavras esculpidas em outras línguas. Ações ocorridas em épocas distantes. Acontecimentos registrados em terras longínquas. Conselhos oferecidos a um povo estrangeiro. Esse é um livro singular.

É de surpreender que alguém o leia. É antigo demais. Alguns dos escritos datam de cinco mil anos atrás. É esquisito demais. O livro fala de enchentes incríveis, incêndios, terremotos e pessoas com habilidades sobrenaturais. É radical demais. A Bíblia convida à devoção eterna a um carpinteiro que chamava a si mesmo de Filho de Deus.

A lógica diz que esse livro não sobreviveria. Antigo demais, esquisito demais, radical demais.

A Bíblia foi proibida, queimada, escarnecida e ridicularizada.

Acadêmicos zombaram dela. Reis decretaram sua ilegalidade. Mais de mil vezes, a cova foi aberta e o canto fúnebre começou a ser entoado, mas, por alguma razão, a Bíblia nunca permaneceu na sepultura. Não somente sobreviveu; ela prosperou. É o livro mais popular em toda a história. Há anos tem sido o mais vendido no mundo!

Não existe na terra uma explicação para isso. Essa, talvez, seja a única explicação. A resposta? A durabilidade da Bíblia não se encontra na terra; encontra-se no céu. Para os milhões que testaram suas afirmações e reivindicaram suas promessas, há somente uma resposta: a Bíblia é o livro e a voz de Deus.

Ao ler, seria sábio de sua parte pensar um pouco acerca de duas perguntas: Qual o propósito da Bíblia? Como devo estudá-la? O tempo gasto na reflexão dessas duas questões vai engrandecer consideravelmente seu estudo bíblico.

Qual o propósito da Bíblia?

Permita que ela própria responda a essa pergunta: *Porque desde criança você conhece as Sagradas Letras, que são capazes de torná-lo sábio para a salvação mediante a fé em Cristo Jesus* (2Tm 3.15).

O propósito da Bíblia? Salvação. O maior desejo de Deus é trazer seus filhos para casa. O livro dele, a Bíblia, descreve seu plano de salvação. O propósito da Bíblia é proclamar o plano e o desejo de Deus de salvar seus filhos.

É essa a razão de a Bíblia ter resistido ao longo dos séculos. Ela tem a ousadia de enfrentar as questões mais difíceis a respeito da vida: Para onde vou depois de morrer? Existe um Deus? O que faço com os meus medos? A Bíblia oferece respostas a essas questões cruciais. É o mapa que nos conduz ao maior tesouro de Deus: a vida eterna.

Mas como usamos a Bíblia? Inúmeros exemplares das Escrituras repousam não lidos em estantes e cabeceiras pelo simples fato de as pessoas não saberem como lê-la. O que podemos fazer para torná-la real em nossa vida?

A resposta mais clara encontra-se nas palavras de Jesus. Ele prometeu: *Peçam, e lhes será dado; busquem, e encontrarão; batam, e a porta lhes será aberta* (Mt 7.7).

O primeiro passo na compreensão da Bíblia é pedir a Deus para ajudar-nos. Devemos ler em oração. Se alguém compreende a Palavra de Deus, é por causa de Deus, e não do leitor: *Mas o Conselheiro, o Espírito Santo, que o Pai enviará em meu nome, lhes ensinará todas as coisas e lhes fará lembrar tudo o que eu lhes disse* (Jo 14.26).

Antes de ler a Bíblia, ore. Convide Deus para falar com você. Não vá às Escrituras procurando por *sua* maneira de pensar; vá em busca da maneira de pensar *dele*.

Não devemos ler a Bíblia somente em oração; devemos lê-la com cuidado. A garantia é: *busquem, e encontrarão*. A Bíblia não é um jornal a ser folheado, mas uma mina a ser garimpada: *se procurar a sabedoria como se procura a prata e buscá-la como quem busca um tesouro escondido, então você entenderá o que é temer o SENHOR e achará o conhecimento de Deus* (Pv 2.4-5).

Qualquer achado valioso requer esforço. A Bíblia não é exceção. Para compreendê-la, você não precisa ser brilhante, mas tem de estar disposto a arregaçar as mangas e procurar, *como obreiro que não tem do que se envergonhar e que maneja corretamente a palavra da verdade* (2Tm 2.15).

Eis um ponto prático: estude a Bíblia um pouco de cada vez. Não se sacia a fome comendo 21 refeições de uma só vez a cada semana. O corpo precisa de uma dieta constante para permanecer forte. O mesmo acontece com a alma. Quando Deus enviou alimento a seu povo, no deserto, ele não providenciou pães prontos. Em vez disso, enviou o maná, desta forma: *flocos finos semelhantes a geada [...] sobre a superfície do deserto* (Êx 16.14).

Deus concedeu maná em porções ilimitadas e envia alimento espiritual da mesma forma: abrindo os céus com nutrientes suficientes para a fome de hoje e providenciando *ordem sobre ordem, regra e mais regra; um pouco aqui, um pouco ali* (Is 28.10).

Não desanime se a colheita de sua leitura parece pequena. Há dias em que uma porção menor é tudo o de que precisamos. O importante é buscar diariamente a mensagem daquele dia. Uma dieta constante da Palavra de Deus no decorrer da vida edifica a saúde da mente e da alma.

Uma garotinha voltou de seu primeiro dia na escola. A mãe perguntou:

— Você aprendeu alguma coisa?

— Pelo visto, não aprendi o bastante — a menina respondeu. — Tenho de voltar amanhã, depois de amanhã e depois de depois de amanhã...

É assim que funciona a aprendizagem e é assim que funciona o estudo da Bíblia. A compreensão vem pouco a pouco, ao longo da vida.

Há um terceiro passo na compreensão da Bíblia. Depois do pedido e da busca, vem a batida. Depois de perguntar e procurar, você bate: *batam, e a porta lhes será aberta* (Mt 7.7).

Bater é estar diante da porta de Deus. Ficar disponível. Subir as escadas, cruzar o pórtico, colocar-se à porta e se voluntariar. Bater vai além da esfera do pensamento e entra na esfera da ação. Bater é perguntar: O que posso fazer? Como posso obedecer? Aonde posso ir?

Uma coisa é saber o que fazer. Outra é fazer. Mas para aqueles que fazem, que escolhem obedecer, uma recompensa especial os aguarda: *Mas o homem que observa atentamente a lei perfeita, que traz a liberdade, e persevera na prática dessa lei, não esquecendo o que ouviu mas praticando-o, será feliz naquilo que fizer* (Tg 1.25).

Uma promessa e tanto! A felicidade vem para quem pratica o que lê! É o mesmo com medicamentos. Se você apenas ler o rótulo, mas ignorar as pílulas, de nada vai adiantar. É o mesmo com comida. Se você apenas ler a receita, mas nunca cozinhar, não vai ser alimentado. Dá-se o mesmo com a Bíblia. Se você apenas ler as palavras, mas nunca obedecer, jamais conhecerá a alegria que Deus prometeu.

Peça. Procure. Bata. Simples, não é? Por que então não tentar? Se o fizer, entenderá por que você tem nas mãos o livro mais extraordinário da história.

Há cerca de dois mil anos, um médico chamado Lucas começou uma carta a um amigo com estas palavras: *Excelentíssimo Teófilo: Muitas pessoas já tentaram escrever a respeito das coisas que aconteceram entre nós. As mesmas coisas que nos foram transmitidas por aqueles que as viram desde o princípio e que anunciaram a mensagem. Eu também estudei com bastante cuidado essas coisas e achei que seria bom escrever tudo isto em ordem, para que o senhor saiba toda a verdade a respeito daquilo que lhe ensinaram* (1.1-4, VFL).

Lucas e Teófilo partilhavam dois amores: o amor por Cristo e o amor pelos fatos. Eles não queriam lendas; queriam a verdade. E, assim, o doutor Lucas começou a colocar em ordem a verdade e a reportar os fatos a Teófilo. O resultado é parte carta e parte documento de pesquisa.

É parte carta porque foi escrito para um amigo. Que vínculo devia existir entre esses dois para que Lucas trabalhasse tanto! É parte documento de pesquisa porque Lucas estudou "com bastante cuidado essas coisas" e queria que Teófilo se beneficiasse de seu estudo.

Consegue imaginá-lo na casa de Maria? "Fale-me mais uma vez do que aconteceu em Belém." Consegue imaginá-lo enchendo Mateus de perguntas? "Deixe-me ver se entendi essa parábola direito." Ou em longas caminhadas com Pedro? "Quando você o negou pela terceira vez, Jesus ficou sabendo?"

Com a precisão de um cirurgião, Lucas investiga em busca da verdade. Por quê? Para que seu amigo soubesse isto: o que lhe haviam ensinado era verdade.

Será que Lucas tinha ideia de que milhões de nós se beneficiariam de seu estudo? Duvido. Tudo o que ele fez foi partilhar a verdade com um amigo.

Consegue imaginar o que aconteceria se todos nós fizéssemos o mesmo?

LIÇÃO 1

# Esperança em Deus

## Reflexão

Não é difícil invejar a boa condição de vida de alguém. A inesperada boa condição de vida de outra pessoa sempre provoca pensamentos do tipo "Por que não eu?". Algumas pessoas conseguem se alegrar com a boa condição de vida alheia. Mas algumas não, e elas se tornam vítimas da amargura. Pense em alguma ocasião em que Deus realizou uma obra incrível na vida de um amigo. Como você reagiu? De que maneira a bênção ou o benefício dele ou dela acendeu a esperança em sua vida?

## Situação

Depois de ter explicado a Teófilo o propósito de sua carta, Lucas imediatamente avança para o relato histórico. Ele tem de escolher um ponto de partida, e decide que o melhor é um acontecimento preliminar envolvendo um casal de idosos, Zacarias e Isabel. A biografia de Jesus escrita por Lucas começa com o nascimento de João, que ficou conhecido como o Batista.

## Observação

*Leia Lucas 1.5-25 da RA ou da VFL.*

### Almeida Revista e Atualizada

*5 Nos dias de Herodes, rei da Judeia, houve um sacerdote chamado Zaca-*
*rias, do turno de Abias. Sua mulher era das filhas de Arão e se chamava Isabel.*
*6 Ambos eram justos diante de Deus, vivendo irrepreensivelmente em todos os*
*preceitos e mandamentos do Senhor. 7 E não tinham filhos, porque Isabel era*
*estéril, sendo eles avançados em dias.*

8 *Ora, aconteceu que, exercendo ele diante de Deus o sacerdócio na ordem*
*do seu turno, coube-lhe por sorte,* 9 *segundo o costume sacerdotal, entrar no*
*santuário do Senhor para queimar o incenso;* 10 *e, durante esse tempo, toda*
*a multidão do povo permanecia da parte de fora, orando.* 11 *E eis que lhe*
*apareceu um anjo do Senhor, em pé, à direita do altar do incenso.* 12 *Vendo-o,*
*Zacarias turbou-se, e apoderou-se dele o temor.* 13 *Disse-lhe, porém, o anjo: Za-*
*carias, não temas, porque a tua oração foi ouvida; e Isabel, tua mulher, te dará*
*à luz um filho, a quem darás o nome de João.* 14 *Em ti haverá prazer e alegria,*
*e muitos se regozijarão com o seu nascimento.* 15 *Pois ele será grande diante do*
*Senhor, não beberá vinho nem bebida forte e será cheio do Espírito Santo, já*
*do ventre materno.* 16 *E converterá muitos dos filhos de Israel ao Senhor, seu*
*Deus.* 17 *E irá adiante do Senhor no espírito e poder de Elias, para converter*
*o coração dos pais aos filhos, converter os desobedientes à prudência dos justos*
*e habilitar para o Senhor um povo preparado.* 18 *Então, perguntou Zacarias*
*ao anjo: Como saberei isto? Pois eu sou velho, e minha mulher, avançada em*
*dias.* 19 *Respondeu-lhe o anjo: Eu sou Gabriel, que assisto diante de Deus, e*
*fui enviado para falar-te e trazer-te estas boas-novas.* 20 *Todavia, ficarás*
*mudo e não poderás falar até ao dia em que estas coisas venham a realizar-*
*-se; porquanto não acreditaste nas minhas palavras, as quais, a seu tempo, se*
*cumprirão.* 21 *O povo estava esperando a Zacarias e admirava-se de que tanto*
*se demorasse no santuário.* 22 *Mas, saindo ele, não lhes podia falar; então,*
*entenderam que tivera uma visão no santuário. E expressava-se por acenos e*
*permanecia mudo.* 23 *Sucedeu que, terminados os dias de seu ministério, voltou*
*para casa.*

24 *Passados esses dias, Isabel, sua mulher, concebeu e ocultou-se por cinco*
*meses, dizendo:* 25 *Assim me fez o Senhor, contemplando-me, para anular o*
*meu opróbrio perante os homens.*

## Versão Fácil de Ler

5 *Quando Herodes era rei da Judeia, havia um sacerdote chamado Za-*
*carias, que pertencia ao grupo de sacerdotes de Abias. Isabel, sua esposa, era*
*da família de Arão.* 6 *Ambos eram justos diante de Deus e cumpriam sempre*
*todas as leis e mandamentos do Senhor.* 7 *Eles, porém, não tinham filhos, pois*
*Isabel era estéril e ambos eram muito velhos.*

8 *Um dia, quando o grupo de Zacarias estava de serviço, coube a ele a*
*função de sacerdote perante Deus.* 9 *Conforme o costume, fizeram sorteio para*
*ver quem iria entrar no templo e queimar incenso para o Senhor. A sorte coube*
*a Zacarias.* 10 *Fora do templo, o povo continuava orando, enquanto o incenso*
*estava sendo queimado.* 11 *Então, um anjo do Senhor apareceu a Zacarias do*
*lado direito do altar do incenso.* 12 *Ao ver o anjo, Zacarias ficou perturbado e*
*com muito medo.* 13 *O anjo lhe disse:*

*— Não tenha medo, Zacarias! O Senhor ouviu a sua oração. Isabel, sua*
*mulher, vai ter um filho e você lhe dará o nome de João.* 14 *Ele vai lhe trazer*
*muita alegria e satisfação e muitas pessoas ficarão felizes com o nascimento*
*dele.* 15 *Ele será um grande homem diante do Senhor. Não beberá vinho nem*
*bebidas fortes e até mesmo antes de nascer estará cheio do Espírito Santo.* 16 *Ele*
*fará com que muitas pessoas do povo de Israel voltem para o Senhor seu Deus.*
17 *Ele irá à frente do Senhor com o espírito e o poder do profeta Elias. Ele fará*
*com que os pais façam as pazes com os filhos e com que os desobedientes sejam*
*prudentes como os justos. E assim vai preparar um povo para receber ao Se-*
*nhor.* 18 *Zacarias disse ao anjo:*

*— Mas como isso pode ser possível? Tanto eu como a minha mulher somos velhos!*

19 *O anjo lhe disse:*

*— Eu sou Gabriel e estou sempre diante de Deus. Ele me enviou para*
*falar com você e lhe dar estas boas notícias.* 20 *Tudo o que eu disse vai acontecer*
*no tempo certo. Você, porém, não acreditou nas minhas palavras e, portanto,*
*vai ficar mudo e não será capaz de falar até o dia do nascimento do seu filho.*

21 *(Enquanto isso, a multidão lá fora esperava por Zacarias, admirada*
*por ele se demorar tanto no templo.)* 22 *Quando Zacarias saiu, não podia falar*
*com eles. Então entenderam que ele tinha tido uma visão no templo. E fazia*
*sinais com as mãos ao povo, pois ele tinha ficado mudo.* 23 *Quando terminou o*
*seu trabalho, Zacarias voltou para casa.*

24 *Pouco tempo depois, sua mulher Isabel ficou grávida e não saiu de casa durante cinco meses. Ela disse:*

25 *— Finalmente o Senhor me ajudou! Não serei mais humilhada por ninguém!*

## Exploração

1. Que tipo de reputação Zacarias e Isabel tinham em sua comunidade?

________________________________________

________________________________________

2. Como Zacarias e Isabel lidavam com a humilhação de não ter filhos?

________________________________________

________________________________________

3. O anjo prometeu um filho. De que modo essa promessa dá esperanças a Zacarias, considerando sua situação?

___

___

4. Por que Zacarias duvidou da promessa de Deus?

___

___

5. Como Isabel reagiu ao cumprimento da profecia do anjo?

___

___

## Inspiração

A esperança não é o que você aguarda; é algo com que você nunca sonharia. É um conto sem lógica e improvável, com um final do tipo "belisque-me para ver se não estou sonhando". É Abraão ajustando seus óculos bifocais para que possa ver não o neto, mas o filho. É Moisés em pé na terra prometida não com Arão ou Miriã ao lado, mas com Elias e o transfigurado Jesus. É Zacarias sem palavras à visão da esposa Isabel, grisalha e grávida. E são os dois peregrinos de Emaús se estendendo para pegar um pedaço de pão só para ver que as mãos que o oferecem estão perfuradas. A esperança não é um desejo concedido ou um favor realizado; não, é muito maior que isso. É uma dependência incomum e imprevisível em um Deus que ama nos surpreender e estar lá pessoalmente para ver nossa reação.

Trecho de *Deus chegou mais perto*

## Reação

6. Por que, como Zacarias, às vezes duvidamos do desejo de Deus de satisfazer nossos anseios mais profundos?

___

___

7. Que conforto ou ânimo essa passagem oferece quando nos vemos em situações aparentemente sem solução?

---

---

8. Que medidas podemos tomar para lidar com sentimentos de desesperança?

---

---

9. Como essa passagem afeta sua postura em relação a frustrações e problemas?

---

---

10. O que está impedindo você de esperar que Deus faça coisas espetaculares em sua vida?

---

---

11. Como você pode demonstrar fé nas promessas de Deus?

---

---

## Lições de vida

Existe uma diferença entre esperar Deus ser fiel e antecipar as maneiras específicas com as quais ele demonstrará sua fidelidade. A primeira atitude espera na constância e sabedoria de Deus; a segunda pode presumir que sabemos o que é melhor. Se confundirmos as duas, estaremos sujeitos a ficar desapontados com os resultados. Embora Deus sempre nos dê boas coisas no longo prazo, às vezes nos decepcionamos porque ele não respondeu às nossas orações de acordo com nossas prioridades. Essa passagem não nos proíbe de dizer a Deus o que desejamos. Ela simplesmente nos ensina a expressar nossos mais ardentes desejos dentro dos limites que Deus, em última análise, conhece melhor. Ele vê o que não podemos ver; sabe o que não sabemos. Por vezes, como no caso de Zacarias e Isabel, a resposta é adiada porque um plano muito maior está em andamento.

## Devoção

Obrigado, Pai, por concederes esperança num mundo de promessas quebradas e sonhos frustrados. Provaste tua confiabilidade ao manter tuas promessas a teu povo. Ó Pai, és nossa única esperança. Fortalece nossa dependência em ti, dá-nos paciência para esperar teu momento perfeito, e ensina-nos a nos alegrar em tua bondade.

- Para mais passagens bíblicas sobre esperança, leia Salmos 42.5; 62.5; 130.7; Provérbios 23.18; Jeremias 29.11; Lamentações 3.21-24; Romanos 12.12; 15.4; 1Timóteo 4.9-10; 6.17; Tito 1.1-2.
- Para completar o evangelho de Lucas durante este estudo em doze partes, leia Lucas 1.1—3.38.

## Para pensar

De quais esperanças ou sonhos pessoais sou tentado a desistir? Como posso confiá-los a Deus?

# Fé em ação

## Reflexão

A fé pode ser um conceito espiritual, mas certamente possui características práticas que fazem dela um componente essencial da vida. Ações com base no que não pode ser provado compõem grande parte de nosso dia a dia. Raramente examinamos uma cadeira antes de sentarmos ou levamos um carro ao mecânico toda vez que queremos dirigir até o trabalho. Agimos pela fé em muitas coisas. A vida, porém, tem uma maneira de testar nossa fé, sobretudo quando se trata de nossa relação com Deus. Pense em alguma ocasião em que você viu a fé em ação. Quais foram os resultados dessa fé?

## Situação

À medida que as multidões cresciam nos primeiros dias do ministério de Jesus, elas rapidamente se dividiam em dois campos: os espectadores e os participantes. Quando a cena seguinte se inicia, Jesus está ensinando em uma casa cheia de pessoas, de uma parede a outra. Elas clamam pela atenção de Jesus. Entre a multidão há pessoas tentando descobrir o plano de Jesus. Será que ele se encaixa nas categorias aceitáveis atuais, ou ele é um dissidente que logo será esquecido? Eles estão observando cada movimento e analisando cada palavra. Então, o teto começa a ceder.

## Observação

*Leia Lucas 5.17-26 da RA ou da VFL.*

Almeida Revista e Atualizada

17 *Ora, aconteceu que, num daqueles dias, estava ele ensinando, e achavam-se ali assentados fariseus e mestres da Lei, vindos de todas as aldeias*

*da Galileia, da Judeia e de Jerusalém. E o poder do Senhor estava com ele para curar. 18 Vieram, então, uns homens trazendo em um leito um paralítico; e procuravam introduzi-lo e pô-lo diante de Jesus. 19 E, não achando por onde introduzi-lo por causa da multidão, subindo ao eirado, o desceram no leito, por entre os ladrilhos, para o meio, diante de Jesus. 20 Vendo-lhes a fé, Jesus disse ao paralítico: Homem, estão perdoados os teus pecados. 21 E os escribas e fariseus arrazoavam, dizendo: Quem é este que diz blasfêmias? Quem pode perdoar pecados, senão Deus? 22 Jesus, porém, conhecendo-lhes os pensamentos, disse-lhes: Que arrazoais em vosso coração? 23 Qual é mais fácil, dizer: Estão perdoados os teus pecados ou: Levanta-te e anda? 24 Mas, para que saibais que o Filho do Homem tem sobre a terra autoridade para perdoar pecados — disse ao paralítico: Eu te ordeno: Levanta-te, toma o teu leito e vai para casa. 25 Imediatamente, se levantou diante deles e, tomando o leito em que permanecera deitado, voltou para casa, glorificando a Deus. 26 Todos ficaram atônitos, davam glória a Deus e, possuídos de temor, diziam: Hoje, vimos prodígios.*

## Versão Fácil de Ler

*17 Um dia, quando Jesus estava ensinando, achavam-se presentes alguns fariseus e professores da lei, vindos de todas as vilas da Galileia e da Judeia e da cidade de Jerusalém. E o poder do Senhor estava com Jesus para realizar curas. 18 Alguns homens chegaram trazendo um paralítico numa maca e tentavam levá-lo para perto de Jesus. 19 E, como não tinham conseguido entrar com ele por causa da multidão, subiram no telhado e, por entre as telhas, abaixaram a maca no meio das pessoas que estavam ali e o puseram diante de Jesus. 20 Ao ver a fé que eles tinham, Jesus disse:*

*— Homem, os seus pecados estão perdoados!*

*21 Os professores da lei e os fariseus começaram a perguntar a si mesmos:*

*— Quem é este homem que está ofendendo a Deus com estas palavras? Quem pode perdoar pecados, senão um, que é Deus?*

*22 Jesus sabia o que eles estavam pensando e disse-lhes:*

*— Por que vocês estão pensando essas coisas? 23 O que é mais fácil dizer: "Os seus pecados estão perdoados" ou "Levante-se e ande"? 24 Mas eu vou lhes mostrar que o Filho do Homem tem poder na terra para perdoar pecados. E então disse ao paralítico:*

*— Levante-se, pegue a sua maca e vá para casa!*

*25 E imediatamente ele se levantou, pegou sua maca e foi para casa louvando a Deus. 26 Todos ficaram maravilhados e muito impressionados e por isso louvavam a Deus, dizendo:*

*— Que coisa maravilhosa nós vimos hoje!*

## Exploração

1. Esse grupo de homens levou o amigo paralítico a Jesus. Em sua opinião, o que eles esperavam que Jesus fizesse por ele?

---

---

2. Quais riscos e obstáculos os homens enfrentaram por causa da multidão em torno de Jesus?

---

---

3. Quais eram os prós e os contras do plano de descer o amigo pelo telhado?

---

---

4. O que as ações desses homens — o fato de que fariam qualquer coisa para levar o amigo até Cristo — revela acerca de sua percepção a respeito de Jesus?

---

---

5. Por que a primeira reação de Jesus foi perdoar em vez de curar?

---

---

## Inspiração

Quer ele tivesse nascido paralítico, quer tivesse ficado paralítico, o resultado era o mesmo: dependência total dos outros. Quando as pessoas olhavam para ele, não viam o homem; viam um corpo que necessitava de um milagre. Não é o que Jesus viu, mas é o que as pessoas viam. E certamente é o que seus amigos viram. Assim, eles fazem o que qualquer um de nós faria por um amigo: tentam ajudá-lo de alguma forma.

No momento em que seus amigos chegam ao local, a casa está cheia. Pessoas congestionam as portas. Crianças ocupam as janelas. Outros espiam por sobre os ombros. Como esse pequeno grupo de amigos atrairia a atenção de Jesus? Eles tinham de fazer uma escolha. Vamos entrar ou desistir?

O que aconteceria se os amigos tivessem desistido? E se tivessem encolhido os ombros e resmungado algo sobre a multidão ser grande demais e a comida estar esfriando e se virado e ido embora? Afinal, eles praticaram uma boa ação em ir até ali. Quem poderia culpá-los por voltar atrás? Não se pode fazer tudo por alguém. Mas esses amigos não haviam feito o suficiente.

Um deles disse que tinha uma ideia. Os quatro se achegaram junto ao paralítico e ouviram o plano: escalar o topo da casa, abrir uma entrada pelo telhado e descer o amigo por meio de cordas.

Era arriscado — eles podiam cair. Era perigoso — *ele* podia cair. Era pouco convencional — descer pelo teto não é nada sociável. Mas era a única chance de ver Jesus. Eles então subiram no telhado.

A fé faz essas coisas. A fé faz o inesperado. E a fé consegue a atenção de Deus.

Jesus ficou comovido com a cena de fé. Então, ele aplaude — se não com as mãos, ao menos com o coração. E não só aplaude: ele abençoa. E nós testemunhamos uma explosão de amor divino.

Aqueles rapazes queriam que ele curasse o amigo deles. Mas Jesus não vai se contentar com uma simples cura do corpo — ele quer curar a alma. Ele vai além do físico e lida com o espiritual. Curar o corpo é temporal; curar a alma é eterno. Tão profundo foi seu amor por aquele grupo de fé que ele foi além do que pediram e caminhou direto até a cruz.

Jesus já conhecia o preço da graça. Ele já sabia o preço do perdão. Mas ele os ofereceu mesmo assim. O amor explode em seu coração.

Embora não possamos ouvir daqui, os anjos podem ouvi-lo ali. Todo o céu deve ter parado quando outra explosão de amor declara as únicas palavras que realmente importam: "Seus pecados estão perdoados".

TRECHO DE *ELE AINDA REMOVE PEDRAS*

## Reação

6. De que modo a fé dos quatro amigos em Jesus afetou a vida do paralítico?

7. De que modo a sua fé afeta as pessoas em torno de você?

8. Liste algumas maneiras de mostrar nossa fé em Jesus Cristo.

9. Quais obstáculos ou riscos você enfrentou por vivenciar suas crenças?

10. De que maneira essas dificuldades ampliaram e fortaleceram sua fé?

11. Como você tem visto Deus abençoar pessoas que confiam nele?

## Lições de vida

Esse episódio na vida de Cristo oferece dois exemplos desafiadores em nossa busca por viver como discípulos de Jesus. Podemos nos identificar com o paralítico e os amigos dele. Cada papel requer certo tipo de fé. O paralítico confiava tanto em seus amigos como em Jesus. Não sabemos se ele pediu ajuda ou se apenas os acompanhou no plano deles, mas a sensação de ser descido pelo telhado deve ter constituído um momento de teste. Os amigos tiveram de intensificar a fé para superar os obstáculos que encontraram. A persistência foi recompensada. Podemos experimentar os mesmos tipos de recompensas por exercitar nossa fé em Deus ao longo da vida. O paralítico não apenas foi curado, mas também perdoado. Isto nos faz pensar que não importa quão ousada seja nossa fé, a capacidade divina de ir além do que podíamos pedir ou imaginar não será excedida.

## Devoção

Pai, quando todas as portas estiverem fechadas, dá-nos a coragem para perseverar. Quando não houver soluções à vista, ajuda-nos a encontrar novas formas de atravessar as barreiras que nos separam de ti. Que possamos persistentemente buscar tua face e diariamente demonstrar nossa fé em ti.

- Para mais passagens bíblicas sobre a fé, leia 2Crônicas 20.20; Mateus 9.2; Marcos 11.22; Lucas 7.9; João 8.30; Atos 3.16; Romanos 4.16-25; 1Coríntios 2.5; 16.13; 2Coríntios 5.7; Gálatas 2.16; Filipenses 3.8-9; 1Timóteo 6.11-12; Hebreus 11.1-40; Tiago 2.14-26.
- Para completar o evangelho de Lucas durante este estudo em doze partes, leia Lucas 4.1—5.39.

## Para pensar

Qual passo de fé estou disposto a dar esta semana para me aproximar mais de Deus?

LIÇÃO 3

# ORAÇÃO QUE FORTALECE

## REFLEXÃO

Pense em alguma ocasião em que você se sentiu fortalecido por meio da oração. Pode ter sido uma ocasião em que alguém ficou ao seu lado num momento de crise, e a oração dele ou dela ergueu você "do fundo do poço" e lhe deu esperança. Pode ter sido uma ocasião em que você percebeu que não tinha nenhum outro lugar e ninguém mais a quem recorrer, exceto Deus; contudo, quando você parou para orar, Deus parecia estar esperando pacientemente por você. Tente pôr em palavras os efeitos dessa experiência.

## SITUAÇÃO

Toques de recolher aparecem em muitas formas e tamanhos. Jesus vivia na terra do toque de recolher sabático. A letra do quarto mandamento — "Lembra-te do dia de sábado, para santificá-lo" — fora examinada e aplicada tão estreitamente que o espírito e o propósito da dádiva de Deus para o sábado se perdera. A controvérsia que Jesus suscitou ao honrar Deus no sábado parece quase irracional para nós; porém, mostra que o legalismo sem coração costuma produzir consequências graves. Jesus foi repreendido pelos líderes religiosos por fazer algo no sábado que eles não fariam mesmo em seu melhor dia. Os líderes desvalorizaram a cura que ele ofereceu no sábado porque estavam mais interessados em manter as aparências do que em agradar a Deus.

## OBSERVAÇÃO

*Leia Lucas 6.1-16 da RA ou da VFL.*

## Almeida Revista e Atualizada

*1 Aconteceu que, num sábado, passando Jesus pelas searas, os seus discípulos colhiam e comiam espigas, debulhando-as com as mãos. 2 E alguns dos fariseus lhes disseram: Por que fazeis o que não é lícito aos sábados? 3 Respondeu-lhes Jesus: Nem ao menos tendes lido o que fez Davi, quando teve fome, ele e seus companheiros? 4 Como entrou na casa de Deus, tomou, e comeu os pães da proposição, e os deu aos que com ele estavam, pães que não lhes era lícito comer, mas exclusivamente aos sacerdotes? 5 E acrescentou-lhes: O Filho do Homem é senhor do sábado.*

*6 Sucedeu que, em outro sábado, entrou ele na sinagoga e ensinava. Ora, achava-se ali um homem cuja mão direita estava ressequida. 7 Os escribas e os fariseus observavam-no, procurando ver se ele faria uma cura no sábado, a fim de acharem de que o acusar. 8 Mas ele, conhecendo-lhes os pensamentos, disse ao homem da mão ressequida: Levanta-te e vem para o meio; e ele, levantando-se, permaneceu de pé. 9 Então, disse Jesus a eles: Que vos parece? É lícito, no sábado, fazer o bem ou o mal? Salvar a vida ou deixá-la perecer? 10 E, fitando todos ao redor, disse ao homem: Estende a mão. Ele assim o fez, e a mão lhe foi restaurada. 11 Mas eles se encheram de furor e discutiam entre si quanto ao que fariam a Jesus.*

*12 Naqueles dias, retirou-se para o monte, a fim de orar, e passou a noite orando a Deus. 13 E, quando amanheceu, chamou a si os seus discípulos e escolheu doze dentre eles, aos quais deu também o nome de apóstolos: 14 Simão, a quem acrescentou o nome de Pedro, e André, seu irmão; Tiago e João; Filipe e Bartolomeu; 15 Mateus e Tomé; Tiago, filho de Alfeu, e Simão, chamado Zelote; 16 Judas, filho de Tiago, e Judas Iscariotes, que se tornou traidor.*

## Versão Fácil de Ler

*1 Num certo sábado, Jesus estava atravessando um campo de trigo. Os seus discípulos começaram a colher algumas espigas e, debulhando-as, comiam os grãos de trigo. 2 Então alguns dos fariseus disseram:*

*— Por que vocês estão fazendo o que não é permitido fazer no sábado?*

*3 Jesus respondeu:*

*— Vocês não leram o que Davi fez quando ele e os seus companheiros tiveram fome? 4 Vocês não leram como ele entrou na casa de Deus, pegou o pão sagrado e o comeu, repartindo-o também com os homens que estavam com ele? Entretanto não é permitido a ninguém comer desse pão a não ser aos sacerdotes.*

*5 E também disse a eles:*

*— O Filho do Homem é Senhor do sábado!*

*[6] Num outro sábado, Jesus foi para a sinagoga e começou a ensinar. Lá estava também um homem que tinha sua mão direita aleijada. [7] Os professores da lei e os fariseus ficaram observando a Jesus para ver se ele ia curar alguém no sábado. Eles procuravam algum motivo para acusar a Jesus de desobedecer à lei. [8] Jesus conhecia o pensamento deles, mas mesmo assim disse ao homem com a mão aleijada:*

*— Levante-se e fique de pé na frente de todos.*

*Ele se levantou e ficou de pé. [9] Então Jesus disse a eles:*

*— Agora eu pergunto a vocês: O que é permitido fazer no sábado: o bem ou o mal? É permitido salvar uma vida ou destruí-la?*

*[10] E olhando ao seu redor para todos eles, disse ao homem:*

*— Estenda a sua mão.*

*O homem a estendeu e ela ficou boa. [11] Eles, porém, ficaram furiosos e começaram a planejar o que poderiam fazer contra Jesus.*

*[12] Naqueles dias Jesus subiu a um monte para orar e passou a noite toda orando a Deus. [13] Quando amanheceu, ele chamou os discípulos e escolheu doze entre eles, a quem deu nome de apóstolos. [14] Eram eles: Simão, a quem ele deu o nome de Pedro, e André, irmão dele; Tiago e João; Filipe e Bartolomeu; [15] Mateus e Tomé; Tiago, o filho de Alfeu; Simão, que pertencia ao grupo dos zelotes; [16] Judas, o filho de Tiago; e Judas Iscariotes, que se tornou traidor.*

## Exploração

1. Que tipo de conflitos de poder Jesus teve com os líderes religiosos de sua época?

2. Como Jesus lidou com as acusações dos fariseus e mestres da lei?

3. Por que as ações de Jesus enfureciam os líderes religiosos?

4. De que modo Jesus enfrentou as pressões de seu ministério?

5. Por que Jesus passou a noite em oração antes de escolher os doze discípulos?

## Inspiração

Quanto tempo faz desde que você permitiu que Deus se apossasse de você? Quero dizer, realmente, *apossar-se* de você? Quando foi a última vez que você lhe deu uma porção de tempo ininterrupto e não diluído para ouvir a voz ele? Ao que parece, Jesus o fez. Ele fez esforços deliberados para passar tempo com Deus.

Passe um bom tempo lendo acerca da vida de Jesus como ouvinte e um padrão distinto surgirá. Ele passava tempo regular com Deus, orando e escutando. Marcos diz: "De manhã bem cedo, quando ainda estava escuro, Jesus se levantou e foi para um lugar solitário, e ali orou" (Mc 1.35, VFL). Lucas declara: "Ele, porém, sempre ia para lugares solitários para orar" (Lc 5.16, VFL).

Permita-me perguntar o óbvio. Se Jesus, o Filho de Deus, o Salvador imaculado da humanidade, achava que valia a pena deixar a agenda livre para orar, não seria sábio de nossa parte fazer o mesmo?

Ele não só passava tempo regular com Deus em oração, mas passava tempo regular na Palavra de Deus. É claro, não vemos Jesus tirando um Novo Testamento encadernado em couro de sua mochila e lendo. O que vemos, porém, é o impressionante exemplo de Jesus, em meio à tentação do deserto, usando a Palavra de Deus para lidar com Satanás. Três vezes é tentado, e a cada vez ele repele o ataque com a frase: "As Escrituras dizem" (Lc 4.4,8,12, VFL), e então cita um versículo. Jesus é tão familiarizado com as Escrituras que não só conhece o versículo; ele sabe como usá-lo.

E então há a ocasião em que pedem a Jesus para ele ler na sinagoga. Entregam-lhe o livro de Isaías, o profeta. Ele encontra a passagem, lê e declara: "Hoje se cumpriu a Escritura que vocês acabaram de ouvir" (Lc 4.21, VFL). Vê-se o retrato de uma pessoa que conhece as Escrituras e é capaz de reconhecer seu cumprimento. Se Jesus pensou que era sensato familiarizar-se com a Bíblia, não deveríamos fazer o mesmo?

Se quisermos ser como Jesus — se quisermos ter ouvidos que escutem a voz de Deus —, então temos dois hábitos que vale a pena imitar: o da oração e da leitura da Bíblia.

Trecho de *Simplesmente como Jesus*

## Reação

6. Quais lições podemos aprender a partir dos hábitos espirituais de Jesus enquanto ele viveu na terra?

________________________________________

________________________________________

7. Liste alguns benefícios de passar longos períodos em oração.

________________________________________

________________________________________

8. Como o exemplo de Jesus lhe inspira a mudar a forma de você lidar com as pressões de seu emprego ou ministério?

________________________________________

________________________________________

9. Por que a oração é essencial para o ministério efetivo?

________________________________________

________________________________________

10. O que acontece quando tentamos fazer a obra de Deus com nossa própria força?

________________________________________

________________________________________

11. Quais medidas práticas você pode tomar a fim de depender mais de Deus para ajudá-lo a enfrentar os desafios da vida?

_______________________________________________

_______________________________________________

## Lições de vida

O equilíbrio constante na vida de Jesus entre tempo gasto com Deus em oração e tempo gasto nas Escrituras explica muitas de suas reações. Ele baseou respostas na Palavra de Deus, demonstrando que passara tempo pensando como as Escrituras podiam ser usadas, até mesmo como elas eram mal usadas. Os líderes religiosos faziam mau uso das Escrituras podiam ser usadas. A partir do momento em que estavam preocupados somente com a lei e com guardar o sábado, o verdadeiro propósito para o sábado foi negligenciado e se perdeu. Jesus nos desafia a fazer as perguntas: "Eu sei por que estou obedecendo? Estou fazendo isto pelas razões corretas?".

## Devoção

Senhor, ajuda-nos a seguir teus passos. Ensina-nos a orar, em momentos de alegria ou dor, confusão ou calma. Quando depararmos com decisões difíceis, ajuda-nos a voltar para ti em busca de orientação. E quando a vida for tranquila, impede-nos de pensar que somos capazes de ir adiante por conta própria. Relembra-nos de que somente tu és capaz de nos ajudar a viver vitoriosamente.

- Para mais passagens bíblicas sobre os benefícios da oração, leia Deuteronômio 4.7; 2Crônicas 7.14; Mateus 21.22; Marcos 11.22-26; Atos 10.2-5; Filipenses 4.6-7; 1Timóteo 4.4-5; Tiago 5.13-18.
- Para completar o evangelho de Lucas durante este estudo em doze partes, leia Lucas 6.1-49.

## Para pensar

Quando posso passar longo período orando acerca de uma decisão ou um desafio específico em minha vida?

# A compaixão de Cristo

## Reflexão

Com frequência a compaixão aparece em pequenos gestos, como uma sugestão discreta que previne lesões ("Cuidado com o degrau, senhor. Há um buraco à sua frente"). A compaixão também realiza gestos maiores, como alguém que sai do tráfego para trocar o pneu de um motorista encalhado. Pense em alguma ocasião em que alguém lhe mostrou compaixão. Como esse ato fez você se sentir?

## Situação

Conforme a popularidade de Jesus crescia, suas viagens ficavam mais complicadas. Uma multidão o seguia por toda parte. Quando ele se aproximou da aldeia de Naim, o efeito causado pela movimentação do povo poderia ser chamado de "horário de pico de colisões", visto que outra procissão de moradores estava se dirigindo a um funeral fora da cidade. As duas multidões se encontraram na fronteira de Naim.

## Observação

*Leia Lucas 7.11-23 da RA ou da VFL.*

### Almeida Revista e Atualizada

*11 Em dia subsequente, dirigia-se Jesus a uma cidade chamada Naim, e*
*iam com ele os seus discípulos e numerosa multidão. 12 Como se aproximasse da*
*porta da cidade, eis que saía o enterro do filho único de uma viúva; e grande*
*multidão da cidade ia com ela. 13 Vendo-a, o Senhor se compadeceu dela e lhe*
*disse: Não chores! 14 Chegando-se, tocou o esquife e, parando os que o condu-*
*ziam, disse: Jovem, eu te mando: levanta-te! 15 Sentou-se o que estivera morto*

e passou a falar; e Jesus o restituiu a sua mãe. 16 Todos ficaram possuídos de
temor e glorificavam a Deus, dizendo: Grande profeta se levantou entre nós;
e: Deus visitou o seu povo. 17 Esta notícia a respeito dele divulgou-se por toda
a Judeia e por toda a circunvizinhança.

18 Todas estas coisas foram referidas a João pelos seus discípulos. E João,
chamando dois deles, 19 enviou-os ao Senhor para perguntar: És tu aquele que
estava para vir ou havemos de esperar outro? 20 Quando os homens chegaram
junto dele, disseram: João Batista enviou-nos para te perguntar: És tu aquele
que estava para vir ou esperaremos outro? 21 Naquela mesma hora, curou
Jesus muitos de moléstias, e de flagelos, e de espíritos malignos; e deu vista a
muitos cegos. 22 Então, Jesus lhes respondeu: Ide e anunciai a João o que vistes
e ouvistes: os cegos veem, os coxos andam, os leprosos são purificados, os surdos
ouvem, os mortos são ressuscitados, e aos pobres, anuncia-se-lhes o evangelho.
23 E bem-aventurado é aquele que não achar em mim motivo de tropeço.

## Versão Fácil de Ler

11 Depois Jesus seguiu para uma cidade chamada Naim. Os seus discípu-
los e uma grande multidão o acompanhavam. 12 Quando ele estava perto do
portão da cidade, viu um enterro. O morto era o único filho de uma viúva.
Havia muitas pessoas da cidade no enterro. 13 Quando o Senhor a viu, ficou
com muita pena dela e disse:

— Não chore!

14 Jesus chegou perto do caixão, tocou nele e os homens que o levavam pa-
raram. Jesus disse:

— Levante-se, jovem!

15 O morto se sentou e começou a falar. Então Jesus o entregou à sua mãe.
16 Todos ficaram muito impressionados e deram glórias a Deus, dizendo:

— Um grande profeta está entre nós!

E diziam também:

— Deus veio para ajudar o seu povo!

17 A fama de Jesus se espalhou por toda a Judeia e por todos os arredores.

18 Os discípulos de João lhe contaram todas estas coisas. Ele então chamou
dois de seus discípulos, 19 e mandou que eles fossem perguntar ao Senhor: "O
senhor é aquele que ia chegar, ou ainda devemos esperar outro?" 20 Quando os
homens chegaram a Jesus, disseram:

— João Batista mandou que viéssemos e perguntássemos se o senhor é
aquele que ia chegar, ou se devemos esperar por outro.

21 Naquele momento, Jesus curou muitas pessoas que tinham doenças, en-
fermidades e demônios. Ele curou também muitos cegos. 22 E depois respondeu
a eles:

*— Voltem a João e digam a ele tudo o que vocês viram e ouviram; os cegos veem, os coxos andam normalmente, os leprosos são curados, os surdos ouvem, os mortos são ressuscitados e os pobres ouvem as Boas Novas.* [23] *Feliz é aquele que não vê dificuldade em me aceitar.*

## Exploração

1. Jesus e seus discípulos depararam com uma procissão fúnebre perto da cidade de Naim. Em sua opinião, por que Jesus escolheu ressuscitar o menino?

______________________________________________

______________________________________________

2. Descreva a compaixão de Jesus para com as pessoas na procissão fúnebre.

______________________________________________

______________________________________________

3. De que forma específica Jesus mostrou compaixão pela mãe que perdera o filho?

______________________________________________

______________________________________________

4. Qual benefício surgiu do milagre que Jesus realizou?

______________________________________________

______________________________________________

5. O que significa tropeçar ou ser ofendido em nossa fé?

______________________________________________

______________________________________________

## Inspiração

Duas multidões. Uma entrando na cidade, e outra saindo. Elas não poderiam ser mais diferentes. O grupo que chega é vibrante, rindo e conversando. Eles seguem Jesus. O grupo que sai da cidade é solene, um rebanho de tristeza hipnotizado pelo réquiem da morte. Acima deles está o motivo de seu pesar: um corpo frio numa maca de vime.

A mulher no fim da procissão é a mãe. Ela havia trilhado aquele caminho antes. Parece que foi ontem que enterrou o corpo do marido. O filho a acompanhou na época. Agora ela caminha só, isolada em sua tristeza.

Os seguidores de Jesus param e abrem passagem à procissão sombria. O manto do luto abafa o riso dos discípulos. Ninguém fala. O que poderiam dizer?

Jesus, porém, sabia o que dizer e o que fazer. Quando viu a mãe, seu coração começou a se entristecer e seus lábios começaram a se comprimir. Ele encarou o anjo da morte que pairava sobre o corpo do menino. "Desta vez não, Satanás. Este menino é meu".

Nesse momento, a mãe passou diante dele. Jesus falou com ela. "Não chore." Ela se deteve e olhou para o rosto do estranho. Se ela não ficou chocada com a presunção dele, pode apostar que alguns dos presentes ficaram.

Não chore? Não chore? Que tipo de pedido é este?

Um pedido que somente Deus pode fazer.

Jesus caminhou até o esquife e o tocou. Os carregadores pararam de marchar. Os que choravam pararam de lamentar. Quando Jesus fitou o menino, a multidão estava em silêncio.

Jesus voltou sua atenção para o menino morto. "Jovem", a voz dele era calma, "volte à vida".

Os vivos ficaram inertes à medida que o morto voltava à vida. Dedos enrijecidos se moveram. Bochechas pálidas enrubesceram. O morto se levantou.

Jesus deve ter sorrido com o abraço entre mãe e filho. Perplexa, a multidão irrompeu em saudações e aplausos. Eles se abraçaram e deram tapinhas nas costas de Jesus. Alguém proclamou o inegável: "Deus veio para ajudar o seu povo!".

Jesus deu à mulher muito mais que seu filho. Ele lhe deu um segredo — um sussurro que chegou até nós. "Aquilo", disse ele apontando para o leito, "aquilo é fantasia. Isto", sorriu, colocando o braço em torno do menino, "isto é realidade".

TRECHO DE *SEIS HORAS DE UMA SEXTA-FEIRA*

## REAÇÃO

6. Em sua opinião, o que motivou Jesus a curar os doentes, libertar os endemoninhados e dar visão aos cegos?

____________________________________________

____________________________________________

7. Que nova percepção do caráter de Cristo você pode adquirir a partir dessa passagem?

____________________________________________

____________________________________________

8. Que diferença faz em nossa vida saber que Jesus tinha misericórdia das pessoas?

____________________________________________

____________________________________________

9. O que nos impede de reconhecer e apreciar o que Jesus fez por nós?

____________________________________________

____________________________________________

10. De que forma concreta podemos agradecer a Deus pelo amor e pela misericórdia que ele demonstrou por nós?

____________________________________________

____________________________________________

11. Pense em alguma pessoa a quem você poderia mostrar mais compaixão cristã. Ciente disso, o que impede você de agir?

____________________________________________

____________________________________________

## Lições de vida

A compaixão nasce da fé e da obediência. Não praticamos compaixão só porque "funciona". Tratamos os outros com compaixão porque nosso Senhor mostrou compaixão e queremos imitá-lo, e porque todas as pessoas são amadas por Deus. Uma maneira de visualizar isto é: trate as pessoas de tal forma que se elas quiserem se "vingar" de você, elas terão de ser boas. Se você quiser levar a sério o chamado de Jesus ao discipulado, uma questão de avaliação que você pode fazer a si mesmo é: "Tenho tratado com compaixão as pessoas que Deus colocou em minha vida hoje?". Como você está se saindo nessa área?

## Devoção

Senhor, obrigado por reservares tempo para guardar a pobre viúva de uma vida de solidão. Obrigado pela distância a que foste para expressar cuidado. Isto nos ajuda a ver teu poder sobre a morte e teu profundo amor e compaixão por pessoas necessitadas. Nosso coração transborda de gratidão pela misericórdia que nos mostraste. Recebe nosso louvor e ajuda-nos a mostrar teu amor às pessoas em torno de nós.

- Para mais passagens bíblicas sobre a compaixão de Cristo, leia Mateus 9.35-36; 14.13-14; 15.32-39; 20.29-34; Marcos 1.40-42; 6.34; 8.2.
- Para completar o evangelho de Lucas durante este estudo em doze partes, leia Lucas 7.1-50.

## Para pensar

De que modo Jesus tem mostrado compaixão a mim?

# OBEDECENDO À PALAVRA DE DEUS

## REFLEXÃO

Reflita acerca da primeira vez que você ouviu e compreendeu a mensagem do evangelho. Pense a respeito do cenário e como a mensagem lhe foi transmitida. Tente lembrar de algo mais que estava acontecendo em sua vida na época. Em retrospecto, houve algumas experiências que o prepararam para aquele momento? Qual foi sua reação?

## SITUAÇÃO

Jesus moldava seu estilo de comunicação de acordo com o grupo que o escutava. Essa é a primeira vez em Lucas que Jesus usou as singulares histórias chamadas *parábolas*. Essas breves fábulas tinham um objetivo, mas este nem sempre era óbvio. Elas provocavam reflexão. Elas incitavam perguntas. Os que se contentavam em apenas ouvir uma história iam embora satisfeitos, mas ignorantes. Os que pediam maior compreensão descobriam a verdade.

## OBSERVAÇÃO

*Leia Lucas 8.4-15 da RA ou da VFL.*

Almeida Revista e Atualizada

*4 Afluindo uma grande multidão e vindo ter com ele gente de todas as*
*cidades, disse Jesus por parábola: 5 Eis que o semeador saiu a semear. E, ao*
*semear, uma parte caiu à beira do caminho; foi pisada, e as aves do céu a*
*comeram. 6 Outra caiu sobre a pedra; e, tendo crescido, secou por falta de umi-*
*dade. 7 Outra caiu no meio dos espinhos; e estes, ao crescerem com ela, a*
*sufocaram. 8 Outra, afinal, caiu em boa terra; cresceu e produziu a cento por*
*um. Dizendo isto, clamou: Quem tem ouvidos para ouvir, ouça.*

9 E os seus discípulos o interrogaram, dizendo: Que parábola é esta?
10 Respondeu-lhes Jesus: A vós outros é dado conhecer os mistérios do reino
de Deus; aos demais, fala-se por parábolas, para que, vendo, não vejam; e,
ouvindo, não entendam. 11 Este é o sentido da parábola: a semente é a palavra
de Deus. 12 A que caiu à beira do caminho são os que a ouviram; vem, a seguir,
o diabo e arrebata-lhes do coração a palavra, para não suceder que, crendo,
sejam salvos. 13 A que caiu sobre a pedra são os que, ouvindo a palavra, a
recebem com alegria; estes não têm raiz, creem apenas por algum tempo e, na
hora da provação, se desviam. 14 A que caiu entre espinhos são os que ouviram
e, no decorrer dos dias, foram sufocados com os cuidados, riquezas e deleites da
vida; os seus frutos não chegam a amadurecer. 15 A que caiu na boa terra são
os que, tendo ouvido de bom e reto coração, retêm a palavra; estes frutificam
com perseverança.

## Versão Fácil de Ler

4 Uma grande multidão se ajuntava e pessoas de várias vilas tinham ido
ouvir a Jesus. Ele então contou a todos esta parábola:

5 — Certo homem saiu para semear. Enquanto semeava, uma parte das
sementes caiu pelo caminho e foi pisada pelas pessoas e comida pelas aves do
céu. 6 Outra parte caiu num terreno onde havia muitas pedras e, quando
começou a brotar, secou por falta de umidade. 7 Outra parte das sementes caiu
entre espinhos. Os espinhos cresceram junto com as plantas e as sufocaram.
8 Uma outra parte ainda caiu em terra boa e, ao crescer, produziu cem vezes
mais grãos do que foi semeado.

E, depois de dizer estas coisas, exclamou:

— Aquele que pode me ouvir, ouça!

9 Os discípulos perguntaram-lhe o que ele queria dizer com aquela pará-
bola. 10 Jesus então disse:

— A vocês é dado o privilégio de conhecer os segredos do reino de Deus, mas a todas as outras pessoas tudo é dito por meio de parábolas, para que "olhem e não enxerguem, ouçam e não compreendam".

11 — O que a parábola quer dizer é o seguinte: A semente é a mensagem de
Deus. 12 As sementes que caíram pelo caminho representam aqueles que ouvem
a mensagem. Mas em seguida vem o Diabo e tira a mensagem de seus cora-
ções, para que não acreditem e nem sejam salvos. 13 As sementes que caíram
sobre o terreno onde havia muitas pedras representam aqueles que recebem
a mensagem com grande alegria, mas que não têm raiz. Eles acreditam por
uns tempos mas, quando são postos à prova, abandonam a fé. 14 As sementes
que caíram entre os espinhos representam os que ouvem a mensagem mas, por
causa das preocupações, das riquezas e dos prazeres da vida, são sufocados e o

*seu fruto nunca amadurece.* [15] *Aquelas sementes, porém, que caíram em terreno bom representam os que têm corações bons e honestos. Quando eles ouvem a mensagem, a retêm e, pela sua persistência, produzem frutos.*

## Exploração

1. Em sua opinião, por que Jesus contou uma história tão inusitada para uma multidão tão grande?

______________________________________________

______________________________________________

2. Como essa passagem ajuda você a entender por que Jesus usou histórias e parábolas para ensinar às pessoas?

______________________________________________

______________________________________________

3. Na parábola, o que a semente e os quatro solos representam?

______________________________________________

______________________________________________

4. O que interfere na aceitação do evangelho por parte das pessoas?

______________________________________________

______________________________________________

5. Que evidência na vida de uma pessoa comprova que a Palavra de Deus firmou raízes?

______________________________________________

______________________________________________

## Inspiração

Qualquer pessoa que passou algum tempo perto de Cristo ouviu do próprio Jesus: "O Filho do Homem veio para procurar e salvar o perdido" (Lc 19.10, VFL); "Nem mesmo o Filho do Homem veio para ser servido, mas sim para servir e até mesmo para dar a sua vida como resgate por muitos" (Mc 10.45, VFL).

O coração de Jesus estava focado sem descanso em uma tarefa. No dia em que deixou a carpintaria de Nazaré, ele tinha um objetivo final: a cruz do Calvário. Ele estava tão focado que suas palavras finais foram: "Está terminado!" (Jo 19.30, VFL).

Como Jesus podia dizer que estava terminado? Havia ainda famintos para alimentar, doentes para curar, não instruídos para ensinar, e desprezados para amar. Como ele podia dizer que estava terminado? Simples. Ele havia completado a tarefa designada. Sua missão foi cumprida. O pintor podia pôr de lado o pincel, o escultor guardar o cinzel, o escritor repousar a caneta. O trabalho estava feito.

Você não gostaria de poder dizer o mesmo? Não adoraria olhar em retrospecto para sua vida e saber que fez o que foi chamado a fazer?

Nossa vida tende a ser muito dispersa. Ficamos intrigados pela última moda somente até vir a seguinte. Somos atraídos pela tendência mais recente ou a cura mais rápida. Esse projeto, e então o outro. Vidas sem estratégia, sem meta, sem prioridade definida. Chutando no gol errado. Confusos. Hesitantes. Vivendo a vida aos soluços. Somos facilmente distraídos por coisas pequenas e nos esquecemos das grandes. Vi um exemplo disso outro dia no supermercado.

Há uma seção do supermercado em que sou especialista: a de amostras grátis. Nunca deixo passar um petisco. No sábado passado, fui até os fundos da loja onde as amostras costumam durar mais. Bingo! Havia duas funcionárias à espera dos fominhas por amostras. Uma delas tinha uma panela de salsicha, e a outra, um prato cheio de queijo cremoso coberto de aipo. Você vai ficar orgulhoso de saber que optei pelo aipo. Queria a salsicha, mas sabia que o aipo era melhor para mim.

Infelizmente, a moça do aipo nem sequer me viu. Ela estava ocupada demais decorando os espetos. Passei por ela, e em momento algum ela ergueu o olhar. A moça da salsicha, porém, viu minha aproximação e me ofereceu o prato. Recusei e dei outra volta perto da moça do aipo. Mesma reação. Nem sequer me viu. Ela estava ocupada demais enfeitando seu prato. Assim, dei outra volta perto da moça da salsicha. Mais uma vez ela ofereceu, e mais uma vez, com determinação admirável, resisti. Estava comprometido a fazer a coisa certa.

Assim também a moça do aipo. Ela estava decidida a enfeitar cada espeto de aipo em sua bandeja. Mas ela se importava mais com a aparência do produto do que com sua distribuição. Parei. Tossi. Limpei a garganta. Fiz tudo o que podia, menos cantar. Nenhuma reação. A moça do outro balcão, porém, estava à minha espera com salsichas crepitantes. Desisti; comi a salsicha.

A moça do aipo errou o alvo. Ela estava tão ocupada com coisas pequenas (isto é, enfeitar aipo) que esqueceu a tarefa que lhe designaram (isto é, ajudar clientes fominhas e mesquinhos do meu tipo).

Como evitamos cometer o mesmo erro na vida? Deus quer que sejamos semelhantes a Jesus e tenhamos o coração focado.

TRECHO DE *SIMPLESMENTE COMO JESUS*

## REAÇÃO

6. De que modo Deus fala conosco hoje em dia?

________________________________________

________________________________________

7. O que nos impede de ouvir e obedecer à Palavra de Deus?

________________________________________

________________________________________

8. Como podemos ampliar nossa recepção à Palavra de Deus?

________________________________________

________________________________________

9. Que bom fruto é produzido quando obedecemos ao ensino de Deus?

10. Como as preocupações da vida podem nos impedir de crescer e produzir frutos?

11. De que modo a Palavra de Deus tem mudado sua vida?

## Lições de vida

É possível usar a parábola dos solos que Jesus contou para pensar na vida como uma fazenda com campos frescos prontos para o plantio. Quão receptivos somos à Palavra de Deus? O que crescerá em nós? Que fruto ou colheita tem sido produzido em nossa vida? Se não conseguirmos identificar fruta nenhuma, talvez estejamos resistindo às sementes de Deus em nós, ou talvez não sejamos capazes de ver o que ele tem feito. Em ambos os casos, podemos recorrer a Deus por ajuda. E se confirmarmos que Deus trabalha através de nós, podemos reservar tempo para ser humildemente gratos. Deus aprecia escutar solos agradecidos.

## Devoção

Pai, estimamos a preciosa dádiva de tua Palavra. Louvamos-te por concederes uma forma de te comunicares conosco. Dá-nos ouvidos para ouvir tua voz, e um coração disposto a obedecer. Planta tua boa semente em nossa alma. Que ela vá fundo em nossa vida e produza bons frutos para teu reino.

- Para mais passagens bíblicas sobre obedecer à Bíblia, leia Levíticos 18.4-5; 25.18; Deuteronômio 6.3; 13.4; 30.10; Josué 22.5; 1Reis 8.61; Salmos 119.1-40; Lucas 11.28;

João 14.23; Romanos 2.13; 1João 3.24; 2João 1.6; Apocalipse 14.12 .

- Para completar o evangelho de Lucas durante este estudo em doze partes, leia Lucas 8.1-56.

## Para pensar

Como posso me tornar mais parecido com o solo bom que Jesus descreveu na parábola?

# CRENDO EM JESUS

## REFLEXÃO

Existem muitas opiniões a respeito de quem Jesus é, mas é difícil achar um consenso. Talvez as diferenças nas conclusões acerca da identidade de Jesus sejam mais um reflexo das pessoas que comentam. Como seus amigos e colegas de trabalho responderiam à pergunta: "Quem é Jesus"?

## SITUAÇÃO

No início de Lucas 9, Jesus envia seus discípulos *a pregar o reino de Deus e curar os enfermos* (9.2, RA). Mais tarde, os discípulos retornam para relatar seus esforços, e Jesus se retira com eles para descansar. Essa pausa não dura muito tempo, pois foram interrompidos pelas multidões que os acompanhavam. Segue-se o milagre da multiplicação dos pães no deserto. Logo após esses acontecimentos, Jesus tem um momento tranquilo de oração, e, então, pergunta aos discípulos algo inquietante: O que as pessoas estão dizendo a meu respeito?

## OBSERVAÇÃO

*Leia Lucas 9.18-27 da RA ou da VFL.*

Almeida Revista e Atualizada

18 *Estando ele orando à parte, achavam-se presentes os discípulos, a quem*
*perguntou: Quem dizem as multidões que sou eu?* 19 *Responderam eles: João*
*Batista, mas outros, Elias; e ainda outros dizem que ressurgiu um dos antigos*
*profetas.* 20 *Mas vós, perguntou ele, quem dizeis que eu sou? Então, falou*
*Pedro e disse: És o Cristo de Deus.* 21 *Ele, porém, advertindo-os, mandou*
*que a ninguém declarassem tal coisa,* 22 *dizendo: É necessário que o Filho*

*do Homem sofra muitas coisas, seja rejeitado pelos anciãos, pelos principais*
*sacerdotes e pelos escribas; seja morto e, no terceiro dia, ressuscite.*
23 *Dizia a todos: Se alguém quer vir após mim, a si mesmo se negue, dia a*
*dia tome a sua cruz e siga-me.* 24 *Pois quem quiser salvar a sua vida perdê-la-á;*
*quem perder a vida por minha causa, esse a salvará.* 25 *Que aproveita ao ho-*
*mem ganhar o mundo inteiro, se vier a perder-se ou a causar dano a si mesmo?*
26 *Porque qualquer que de mim e das minhas palavras se envergonhar, dele se*
*envergonhará o Filho do Homem, quando vier na sua glória e na do Pai e dos*
*santos anjos.* 27 *Verdadeiramente, vos digo: alguns há dos que aqui se encontram*
*que, de maneira nenhuma, passarão pela morte até que vejam o reino de Deus.*

## Versão Fácil de Ler

18 *Certa vez em que Jesus orava sozinho, os discípulos se aproximaram.*
*Jesus perguntou-lhes:*

*— Quem a multidão diz que eu sou?*

19 *Eles responderam:*

*— Alguns dizem que é João Batista, outros dizem que é Elias e outros ainda dizem que é um dos antigos profetas que ressuscitou.*

20 *Então Jesus lhes perguntou:*

*— E vocês? Quem vocês dizem que eu sou?*

*Pedro respondeu:*

*— O Cristo enviado por Deus.*

21 *Jesus, então, lhes deu ordem para que não contassem isso a ninguém.*

22 *E continuou, dizendo:*

*— Pois é necessário que o Filho do Homem sofra muitas coisas e que seja rejeitado pelos anciãos, pelos líderes dos sacerdotes e pelos professores da lei, que seja morto e que ressuscite no terceiro dia.*

23 *E depois disse a todos:*

*— Se alguém quiser vir comigo, tem que negar a si mesmo, carregar a*
*sua cruz todos os dias e me seguir.* 24 *Pois todo aquele que quiser salvar a sua*
*vida, perdê-la-á; mas aquele que perder a sua vida por minha causa, salvá-*
*-la-á.* 25 *Que vantagem terá alguém em ganhar o mundo inteiro se ele mesmo*
*for destruído ou se perder?* 26 *Se alguém tiver vergonha de mim e das minhas*
*palavras, o Filho do Homem também terá vergonha dele quando vier na sua*
*glória e na glória do Pai e dos santos anjos.* 27 *Digo a verdade a vocês: Alguns*
*dos que estão aqui presentes não morrerão sem antes ver o reino de Deus.*

## Exploração

1. Em sua opinião, por que Jesus fez perguntas investigativas sobre sua identidade aos discípulos?

2. Quais diferentes pontos de vista as pessoas tinham a respeito da identidade de Jesus?

3. Por que Jesus alertou os discípulos a manter em segredo sua verdadeira identidade?

4. Que tipo de compromisso Jesus requer de seus seguidores?

5. Liste as recompensas de sacrificar a vida para seguir Jesus.

## Inspiração

Uma das cenas mais dramáticas do Novo Testamento ocorreu em uma cidade conhecida como Cesareia de Felipe. No meio de um carnaval de colunas de mármore e ídolos de ouro, um nazareno sem dinheiro, sem casa e sem nome, pergunta a seu bando de seguidores: "Quem vocês dizem que eu sou?".

A imensidão da pergunta é desconcertante. Imagino que a resposta de Pedro não surgiu sem nenhuma hesitação. Arrastar de pés. Silêncio ansioso. Que absurdo este homem ser o Filho de Deus. Nenhuma trombeta. Nenhuma túnica púrpura. Nenhum exército. No entanto, havia aquele brilho de determinação em seus olhos e aquela certeza aguda em sua mensagem. A resposta de Pedro cortou o silêncio: "Creio que tu és... o Filho de Deus".

Muitos olharam para Jesus, mas poucos o viram. Muitos avistaram sua sombra, seu povo, sua história. Somente alguns, porém, viram Jesus. Somente alguns olharam através da fumaça da religiosidade e o encontraram. Somente alguns ousaram ficar frente a frente com Jesus e dizer com sinceridade: "Creio que tu és o Filho de Deus".

TRECHO DE *MOLDADO POR DEUS*

## REAÇÃO

6. Por que a identidade de Jesus é imprescindível para a fé?

______________________________________________

______________________________________________

7. Como você explicaria sua crença em Cristo a uma pessoa que nunca ouviu falar no nome de Jesus?

______________________________________________

______________________________________________

8. Explique o que significa desistir de sua vida diária para seguir Jesus.

______________________________________________

______________________________________________

9. Que oportunidades você tem tido para proclamar sua fé em Jesus?

______________________________________________

______________________________________________

10. Em quais circunstâncias é difícil para você partilhar seus pontos de vista religiosos?

______________________________________________

______________________________________________

11. De que modo essa passagem motiva você a falar em público a respeito de sua fé em Jesus Cristo?

---

---

## Lições de vida

No mundo de hoje, não faltam ideias e opiniões a respeito de Jesus. Em última análise, o que importa em nosso relacionamento com Jesus é o que *nós* dizemos acerca dele. Não dizer nada acerca dele pode ser uma opção, mas não é a opção que expressa o tipo de testemunho e honra que Jesus merece dos que afirmam ser seus seguidores.

## Devoção

Senhor Jesus, cremos que és o Filho de Deus. Queremos te seguir, mas, por vezes, ficamos assustados com os riscos e custos envolvidos. Tua Palavra, porém, ensina-nos que qualquer sacrifício que façamos será bastante digno da recompensa eterna. Assim, pedimos que retires nosso foco das coisas deste mundo e deposites nossa esperança em passar a eternidade a teu lado.

- Para mais passagens bíblicas sobre crer em Jesus, leia João 3.14-18; 4.42; 8.24; 9.35-38; 13.19-20; 16.30-31; 20.24-31; Atos 16.31; 19.4; Romanos 3.22; 10.14; Filipenses 1.29; 1Tessalonicenses 4.14; 1João 5.1-12.
- Para completar o evangelho de Lucas durante este estudo em doze partes, leia Lucas 9.1—10.42.

## Para pensar

De que coisas preciso abrir mão para seguir Jesus Cristo de todo o coração?

# Oração persistente

## Reflexão

A oração é um dos mais incríveis privilégios cristãos. Que maravilhosa dádiva a possibilidade de entrar na presença de Deus a qualquer momento, em qualquer lugar, e tornar nossos pedidos conhecidos. Todos nós vimos respostas à oração. Entretanto, muitos de nós possuímos também um acúmulo de pedidos mencionados diversas vezes em oração, sem aparentemente nenhuma resposta à vista. Pense em alguma ocasião em que você sentiu vontade de desistir de determinado pedido de oração. O que tornava difícil orar? O que o ajudou a continuar orando? Em sua opinião, o que teria acontecido se tivesse parado de orar?

## Situação

Os discípulos tiveram inúmeras oportunidades de observar Jesus enquanto ele orava. Por fim, eles se achegaram junto dele e disseram: "Senhor, ensina-nos a orar". A resposta de Jesus mostra que ele ouviu dois pedidos em um: os discípulos precisavam de alguma ideia de *como* orar e também de alguma ideia de *por que* deveriam orar. Ele lhes deu um modelo de como se aproximar de Deus, e deu também razões por que deveriam orar.

## Observação

*Leia Lucas 11.1-13 da RA ou da VFL.*

Almeida Revista e Atualizada

*1 De uma feita, estava Jesus orando em certo lugar; quando terminou, um*
*dos seus discípulos lhe pediu: Senhor, ensina-nos a orar como também João*
*ensinou aos seus discípulos. 2 Então, ele os ensinou: Quando orardes, dizei:*

Pai,
santificado seja o teu nome;
venha o teu reino;
3 o pão nosso cotidiano
dá-nos de dia em dia;
4 perdoa-nos os nossos pecados,
pois também nós perdoamos
a todo o que nos deve;
e não nos deixes cair em tentação.

5 Disse-lhes ainda Jesus: Qual dentre vós, tendo um amigo, e este for pro-
curá-lo à meia-noite e lhe disser: Amigo, empresta-me três pães, 6 pois um meu
amigo, chegando de viagem, procurou-me, e eu nada tenho que lhe oferecer.
7 E o outro lhe responda lá de dentro, dizendo: Não me importunes; a porta
já está fechada, e os meus filhos comigo também já estão deitados. Não posso
levantar-me para tos dar; 8 digo-vos que, se não se levantar para dar-lhos por
ser seu amigo, todavia, o fará por causa da importunação e lhe dará tudo o de
que tiver necessidade.

9 Por isso, vos digo: Pedi, e dar-se-vos-á; buscai, e achareis; batei, e abrir-
-se-vos-á. 10 Pois todo o que pede recebe; o que busca encontra; e a quem bate,
abrir-se-lhe-á. 11 Qual dentre vós é o pai que, se o filho lhe pedir [pão, lhe dará
uma pedra? Ou se pedir] um peixe, lhe dará em lugar de peixe uma cobra?
12 Ou, se lhe pedir um ovo lhe dará um escorpião? 13 Ora, se vós, que sois maus,
sabeis dar boas dádivas aos vossos filhos, quanto mais o Pai celestial dará o
Espírito Santo àqueles que lho pedirem?

## Versão Fácil de Ler

1 Numa ocasião, Jesus estava orando em certo lugar. Quando terminou,
um de seus discípulos lhe disse:

— Senhor, ensine-nos a orar, assim como João ensinou aos seus discípulos.

2 Então Jesus lhes disse:

— Quando vocês orarem, digam:

"Pai:
Que todos reconheçam que o seu nome é santo.
Que venha o seu reino.
3 Dê-nos todos os dias o alimento de que precisamos.
4 Perdoe-nos os nossos pecados assim como nós também perdoamos aos que
nos fazem mal.
Não nos deixe cair em tentação".

*5 Depois Jesus lhes disse:*

*— Suponha que você tivesse um amigo e que, numa ocasião, à meia-noite, você fosse até a casa dele e dissesse: "Amigo! Eu preciso que me empreste três pães, 6 pois um amigo meu acabou de chegar de viagem e não tenho nada para lhe oferecer".*

*7 — E suponham que ele responda lá de dentro desta maneira: "Não me aborreça! A porta está trancada e tanto eu como meus filhos já estamos deitados. Não vou levantar agora para lhe dar nada!"*

*8 — Eu lhes digo que, mesmo que ele não se levante para lhe dar alguma coisa por ser seu amigo, ele se levantará e lhe dará tudo de que você precisa, por causa da sua insistência.*

*9 Por isso eu lhes digo: Peçam e lhes será dado; procurem e vocês acharão; batam e a porta lhes será aberta. 10 Pois todo aquele que pede, recebe; todo aquele que procura, acha; e a porta se abre a todo aquele que bate.*

*11 Qual de vocês, que é pai, dará uma cobra a seu filho quando este lhe pedir um peixe? 12 Ou dará um escorpião a seu filho quando este lhe pedir um ovo? 13 Se até mesmo vocês, que são maus, sabem dar coisas boas a seus filhos, quanto mais o Pai que está no céu! Ele dará o Espírito Santo para aqueles que lhe pedirem!*

## Exploração

1. Em sua opinião, por que o hábito de orar de Jesus provocou o interesse dos discípulos na oração?

________________________________________________________

________________________________________________________

2. Liste diversos elementos comuns da oração. Quais parecem fundamentais para você? Consegue pensar em exemplos em que uma "oração" não seria uma oração?

________________________________________________________

________________________________________________________

3. Na história contada por Jesus sobre o amigo carente de pão, quem cada um dos amigos representa?

________________________________________________________

________________________________________________________

4. Quais princípios espirituais Jesus transmite a seus discípulos através de seu exemplo e ensino diário?

______________________________________________

______________________________________________

5. Por que a persistência é importante na oração?

______________________________________________

______________________________________________

## Inspiração

Uma de minhas histórias prediletas diz respeito a um bispo que estava viajando de navio para visitar uma igreja do outro lado do oceano. No decorrer do percurso, o navio parou em uma ilha durante um dia. O bispo saiu para dar um passeio na praia e deparou com três pescadores remendando suas redes.

Ao descobrirem que ele era um líder cristão, ficaram animados. "Nós cristãos", disseram, apontando orgulhosos um para o outro.

O bispo se impressionou, mas teve cautela. Será que conheciam a oração do Pai-nosso? Não, eles nunca tinham ouvido falar.

— O que vocês dizem, então, quando oram?

— Nós oramos: "Ó, nós somos três. Tu és três. Tem misericórdia de nós".

O bispo ficou assustado com a natureza primitiva da oração.

— Isso só não adianta.

Assim, passou o dia ensinando-lhes o Pai-nosso. Antes de o bispo partir no dia seguinte, eles sabiam recitar a oração sem nenhum erro.

Na viagem de volta, o navio do bispo voltou a se aproximar da ilha. Uma luz apareceu no horizonte. Parecia se aproximar cada vez mais. Aos poucos, olhando espantado, o bispo percebeu que os três pescadores estavam andando em sua direção por sobre as águas. Quando estavam próximos o bastante para serem ouvidos, os pescadores gritaram:

— Bispo, lamentamos muito. Nós dissemos: "Pai nosso, que estás no céu, santificado seja o teu nome...", e depois esquecemos. Por favor, diga-nos a oração novamente.

O bispo se sentiu humilhado.

— Voltem para casa, meus amigos, e quando orarem, digam: "Ó, nós somos três. Tu és três. Tem misericórdia de nós".

TRECHO DE *QUANDO OS ANJOS SILENCIARAM*

## REAÇÃO

6. De que modo o Pai-nosso serve de modelo a ser seguido?

7. Quais são os perigos de recitar as mesmas orações repetidas vezes?

8. Quais medidas podemos tomar para manter nossas orações sinceras e significativas?

9. Em quais circunstâncias é tentador desistir de orar?

10. O que a oração persistente pode realizar?

11. De que maneira essa passagem modifica sua atitude em relação a uma necessidade ou pedido de oração de longo prazo em sua vida?

## Lições de vida

Jesus praticava o hábito da oração. Assim como qualquer bom hábito, deve-se mantê-lo deliberadamente ou ele desaparecerá. A fidelidade de Deus muitas vezes é demonstrada no leve cutucão e nos lembretes do Espírito Santo para orarmos. A astúcia de Satanás muitas vezes é demonstrada ao zombar de nós quando deixamos de orar. Estamos sempre em melhor situação nos lembretes de Deus para orar do que em escutar as tentativas do inimigo de nos humilhar e desanimar. Persistir na oração significa ir adiante a despeito de qualquer barreira ou desculpa para não fazê-lo.

## Devoção

Pai, perdoa-nos por desistirmos tão facilmente de orar. Perdoa-nos por nossa insinceridade e falta de interesse. Agradecemos-te por permaneceres fiel a nós, mesmo quando somos infiéis. Ensina-nos a orar com honestidade, persistência e fé. Mais importante, Pai, ajuda-nos a seguir os passos de Jesus Cristo, teu Filho perfeito.

- Para mais passagens bíblicas sobre oração, leia 1Crônicas 5.20; Mateus 17.20; 21.21-22; Lucas 17.6; 18.40-42; Romanos 12.12; Efésios 6.18; Tiago 5.15-16. Judas 20.
- Para completar o evangelho de Lucas durante este estudo em doze partes, leia Lucas 11.1-54.

## Para pensar

Qual princípio dessa passagem posso aplicar a fim de fortalecer minha vida de oração?

LIÇÃO 8

# Confiando em Deus

## Reflexão

Às vezes complicamos a vida mais que o necessário. Levamos uma vida agitada, trabalhando horas extras para garantir que teremos tudo o que desejamos e de que precisamos. Em uma sociedade orientada pelo consumo, as palavras de Jesus sobre confiar em Deus podem facilmente passar despercebidas. Mas Jesus disse que Deus atenderá nossas necessidades. Pense em alguma ocasião em que Deus atendeu uma de suas necessidades de maneira inesperada ou inusitada. Como você soube que era Deus agindo?

## Situação

É possível pensar em poucas cenas nos evangelhos onde multidões não estivessem presentes. As pessoas adoravam ouvir Jesus ensinar, e nessa cena em Lucas 12 não é diferente. Os que ouviam Jesus e criam nele foram transformados de estranhos em súditos do reino de Deus. Somos muito parecidos com eles. Ao lermos, também "escutamos" as conversas de Jesus com seus seguidores. A cada vez que o fazemos, tomamos algumas decisões sobre como aceitaremos o ensinamento de Jesus. Ouça este incrível ensinamento sobre lírios e pássaros e o reino.

## Observação

*Leia Lucas 12.22-34 da RA ou da VFL.*

Almeida Revista e Atualizada

*22 A seguir, dirigiu-se Jesus a seus discípulos, dizendo: Por isso, eu vos*
*advirto: não andeis ansiosos pela vossa vida, quanto ao que haveis de comer,*
*nem pelo vosso corpo, quanto ao que haveis de vestir. 23 Porque a vida é mais*

*do que o alimento, e o corpo, mais do que as vestes.* 24 *Observai os corvos, os*
*quais não semeiam, nem ceifam, não têm despensa nem celeiros; todavia, Deus*
*os sustenta. Quanto mais valeis do que as aves!* 25 *Qual de vós, por ansioso que*
*esteja, pode acrescentar um côvado ao curso da sua vida?* 26 *Se, portanto, nada*
*podeis fazer quanto às coisas mínimas, por que andais ansiosos pelas outras?*
27 *Observai os lírios; eles não fiam, nem tecem. Eu, contudo, vos afirmo que*
*nem Salomão, em toda a sua glória, se vestiu como qualquer deles.* 28 *Ora, se*
*Deus veste assim a erva que hoje está no campo e amanhã é lançada no forno,*
*quanto mais tratando-se de vós, homens de pequena fé!* 29 *Não andeis, pois,*
*a indagar o que haveis de comer ou beber e não vos entregueis a inquietações.*
30 *Porque os gentios de todo o mundo é que procuram estas coisas; mas vosso Pai*
*sabe que necessitais delas.* 31 *Buscai, antes de tudo, o seu reino, e estas coisas*
*vos serão acrescentadas.* 32 *Não temais, ó pequenino rebanho; porque vosso Pai*
*se agradou em dar-vos o seu reino.* 33 *Vendei os vossos bens e dai esmola; fazei*
*para vós outros bolsas que não desgastem, tesouro inextinguível nos céus, onde*
*não chega o ladrão, nem a traça consome,* 34 *porque, onde está o vosso tesouro,*
*aí estará também o vosso coração.*

## Versão Fácil de Ler

22 *Depois disso Jesus disse aos seus discípulos:*
*— Por isso eu lhes digo: Não se preocupem com a vida de vocês e com o que*
*vão comer; nem com o corpo de vocês e com o que vão vestir.* 23 *Pois a vida é*
*mais importante do que comida e o corpo é mais importante do que roupas.*
24 *Olhem para os corvos: Eles não plantam nem colhem, nem têm celeiros*
*nem armazéns; e Deus lhes dá o que comer. Será que vocês não valem muito*
*mais do que os pássaros?* 25 *Qual de vocês, por mais que se preocupe, pode*
*adicionar uma hora à sua vida?* 26 *Portanto, se não podem conseguir uma*
*coisa assim tão pequena, por que se preocupam com o resto?* 27 *Olhem para*
*os lírios e vejam como eles crescem! Eles não trabalham nem fazem roupas.*
*Contudo eu lhes digo que nem mesmo o rei Salomão, com toda a sua riqueza,*
*se vestiu como um deles!* 28 *Se Deus veste dessa maneira as plantas do campo,*
*que hoje estão aqui e amanhã são jogadas no fogo, quanto mais ele vestirá a*
*vocês, gente de pouca fé!* 29 *Portanto, não se preocupem com o que vão comer*
*ou beber, nem se aflijam por causa disso.* 30 *As pessoas do mundo é que estão*
*sempre procurando essas coisas. Mas o Pai de vocês sabe que precisam delas.*
31 *Mas, antes de tudo, ponham em primeiro lugar em suas vidas o reino de*
*Deus e ele lhes dará aquelas outras coisas.* 32 *Não tenha medo, meu pequeno*
*rebanho, pois o seu Pai tem prazer em lhe dar o reino.* 33 *Vendam os seus bens e*
*deem o dinheiro aos pobres. Façam para vocês mesmo bolsas que não se estra-*
*guem; acumulem um tesouro inesgotável no céu, onde nenhum ladrão o toca*

*e nenhuma traça o destrói.* [34] *Lembrem-se disto: Onde estiver o seu tesouro, lá também estará o seu coração.*

## Exploração

1. Por que os cristãos deveriam confiar em Deus, em vez de ficar preocupados?

___

___

2. Jesus apresentou dois exemplos da natureza sobre confiar em Deus: corvos e lírios. Consegue pensar em outros?

___

___

3. Explique como a preocupação demonstra falta de fé.

___

___

4. Quais são as recompensas por buscar o reino de Deus, em vez de ganhos pessoais?

___

___

5. Como as riquezas terrenas diferem do tesouro celestial?

___

___

## Inspiração

Você realmente deseja que o mundo gire ao seu redor? Se tudo tem a ver com você, então *tudo* é com você. Seu Pai o salva de tamanha responsabilidade. Embora seja valioso, você não é essencial. É importante, mas não indispensável. Ainda não pensa que isso é uma boa notícia?

Talvez uma história possa ser útil. Meu pai, mecânico de um campo petrolífero, nunca deparou com um carro que não pudesse consertar. Esqueça tacos de golfe ou raquetes de tênis, os brinquedos de meu pai eram soquetes e chaves inglesas. Ele apreciava um motor avariado. Papai fez com um motor V-8 o que o general George Patton fez com um pelotão — ele o fez funcionar.

Ah, se o mesmo pudesse ser dito a respeito de seu filho mais novo. Mas não pode. Meu problema com a mecânica começa com as extremidades do carro. Não consigo lembrar em qual delas fica o motor. Qualquer um que confunde o estepe com a correia da ventoinha provavelmente não possui talento para consertar carros.

Minha ignorância pôs meu pai numa posição precária. O que faz um mecânico hábil com um filho que é qualquer coisa menos isso? Enquanto o leitor começa a formular uma resposta, posso fazer esta pergunta: O que Deus faz conosco? Sob o cuidado dele, o universo funciona como um relógio Rolex. Mas o que dizer de seus filhos? A maioria de nós tem dificuldade em saldar um talão de cheques. Então, o que ele faz?

Eu sei o que meu pai fez. Muito a seu crédito, ele me permitia ajudá-lo. Dava trabalhos para eu fazer — segurar chaves de fenda, limpar velas de ignição. E ele conhecia meus limites. Nenhuma vez sequer ele disse: "Max, desmonte aquela transmissão, pode ser? Uma das engrenagens está quebrada". Nunca disse isso. Por um lado, ele gostava de sua transmissão. Por outro, ele me amava. Ele me amava demais para me dar demais.

Assim age Deus. Ele conhece suas limitações. Ele está bem ciente de suas fraquezas. Não é mais fácil morrer por seus pecados do que solucionar a fome mundial. E, de acordo com ele, está tudo bem. O mundo não depende de você. Não sabemos o que é preciso para gerir o mundo, e sábios são os que deixam o trabalho nas mãos dele. Dizer "Não diz respeito a você" não é dizer que você não é amado; muito pelo contrário. É porque Deus ama você que o mundo não lhe diz respeito.

TRECHO DE *ISTO NÃO É PARA MIM*

## Reação

6. Qual é o segredo do contentamento?

7. Liste algumas das consequências da ansiedade.

8. Quais medidas simples os cristãos podem tomar para evitar a preocupação?

9. Qual a diferença entre planejar o futuro e se preocupar?

10. Como essa passagem inspira você a confiar suas necessidades a Deus?

11. De que maneiras concretas podemos demonstrar nossa confiança na provisão de Deus?

## Lições de vida

Essa passagem contém dois exemplos valiosos com os quais podemos aprender: pássaros e lírios. Ao contemplar o esvoaçar das aves, apanhado com o bico sua sobrevivência diariamente, somos levados a pensar nos inúmeros detalhes que buscamos a cada dia para nossa sobrevivência, coisas que Deus provê, e que muitas vezes subestimamos. Ao observar os lírios, notamos que, em vez de voar e trabalhar para ter suas necessidades atendidas, eles ficam parados, absorvendo o que Deus envia. Os lírios nos fazem pensar sobre todos os benefícios adicionais que Deus traz a nossa vida. Muito mais que as coisas básicas, Deus derrama bênçãos incontáveis sobre nossa cabeça. Em algum lugar entre a contemplação dos pássaros e a observação dos lírios, nossas preocupações desaparecem.

## Devoção

Pai, tua Palavra promete que protegerás teu povo e o abastecerás. Perdoa-nos por escolhermos nos preocupar em vez de depender de ti. Ajuda-nos a ver a futilidade da preocupação e os benefícios de confiar em ti. Acalma nossos medos e enche-nos com fé para que possamos concentrar nossa atenção e energia na busca por teu reino.

- Para mais passagens bíblicas sobre confiar em Deus, leia Salmos 4.5; 20.7; 22.9-10; 37.3-5; 40.3-4; 56.3-11; 115.9-11; 125.1; Isaías 26.4; Jeremias 17.5-8; Daniel 6.23; Naum 1.7; Sofonias 3.12; João 14.1; Romanos 9.33.
- Para completar o evangelho de Lucas durante este estudo em doze partes, leia Lucas 12.1—14.35.

## Para pensar

Para mim, quando é mais difícil confiar em Deus? Por quê?

LIÇÃO 9

# O AMOR DE DEUS PELAS PESSOAS

## REFLEXÃO

Em algum ponto da vida, o amor de Deus deve passar de um conceito sobre o qual divagamos a uma experiência consciente que transforma nosso viver. O amor de Deus merece mais que um reconhecimento tímido. Ele permanece mesmo quando cobrimos nossa vergonha e decepção com uma descuidada aparência de rejeição, que mal esconde o terror interno. Em algum lugar e de alguma forma o amor de Deus nos comoverá, mas cooperaremos? De que maneiras tangíveis você já sentiu o amor de Deus por você?

## SITUAÇÃO

Desde o início de seu ministério, Jesus viajava resoluto para Jerusalém. A confrontação final com os líderes religiosos judeus estava por vir. À medida que viajava, Jesus continuou a ensinar e curar. Pessoas desesperadas vinham até ele, e ele as acolhia, para desgosto e raiva de seus inimigos. Em vez de discutir com seus oponentes ou apontar a hipocrisia deles numa linguagem franca, Jesus recorreu a parábolas. As histórias continham uma farpa de verdade que cutucava os traiçoeiros ao mesmo tempo que comunicavam o imenso amor de Deus pelos pecadores.

## OBSERVAÇÃO

*Leia Lucas 15.11-32 da RA ou da VFL.*

Almeida Revista e Atualizada

*[11] Continuou: Certo homem tinha dois filhos; [12] o mais moço deles disse ao pai: Pai, dá-me a parte dos bens que me cabe. E ele lhes repartiu os haveres.*

13 Passados não muitos dias, o filho mais moço, ajuntando tudo o que era seu,
partiu para uma terra distante e lá dissipou todos os seus bens, vivendo disso-
lutamente. 14 Depois de ter consumido tudo, sobreveio àquele país uma grande
fome, e ele começou a passar necessidade. 15 Então, ele foi e se agregou a um
dos cidadãos daquela terra, e este o mandou para os seus campos a guardar
porcos. 16 Ali, desejava ele fartar-se das alfarrobas que os porcos comiam; mas
ninguém lhe dava nada. 17 Então, caindo em si, disse: Quantos trabalhadores
de meu pai têm pão com fartura, e eu aqui morro de fome! 18 Levantar-me-
-ei, e irei ter com o meu pai, e lhe direi: Pai, pequei contra o céu e diante de
ti; 19 já não sou digno de ser chamado teu filho; trata-me como um dos teus
trabalhadores. 20 E, levantando-se, foi para seu pai. Vinha ele ainda longe,
quando seu pai o avistou, e, compadecido dele, correndo, o abraçou, e beijou.
21 E o filho lhe disse: Pai, pequei contra o céu e diante de ti; já não sou digno
de ser chamado teu filho. 22 O pai, porém, disse aos seus servos: Trazei depres-
sa a melhor roupa, vesti-o, ponde-lhe um anel no dedo e sandálias nos pés;
23 trazei também e matai o novilho cevado. Comamos e regozijemo-nos,
24 porque este meu filho estava morto e reviveu, estava perdido e foi achado. E
começaram a regozijar-se.

25 Ora, o filho mais velho estivera no campo; e, quando voltava, ao apro-
ximar-se da casa, ouviu a música e as danças. 26 Chamou um dos criados e
perguntou-lhe que era aquilo. 27 E ele informou: Veio teu irmão, e teu pai
mandou matar o novilho cevado, porque o recuperou com saúde. 28 Ele se
indignou e não queria entrar; saindo, porém, o pai, procurava conciliá-lo.
29 Mas ele respondeu a seu pai: Há tantos anos que te sirvo sem jamais trans-
gredir uma ordem tua, e nunca me deste um cabrito sequer para alegrar-me
com os meus amigos; 30 vindo, porém, esse teu filho, que desperdiçou os teus
bens com meretrizes, tu mandaste matar para ele o novilho cevado. 31 Então,
lhe respondeu o pai: Meu filho, tu sempre estás comigo; tudo o que é meu é teu.
32 Entretanto, era preciso que nos regozijássemos e nos alegrássemos, porque
esse teu irmão estava morto e reviveu, estava perdido e foi achado.

## Versão Fácil de Ler

11 Depois disse:

— Certo homem tinha dois filhos. 12 O mais novo disse ao pai: "Pai, quero
a minha parte da herança agora". O pai, então, dividiu os seus bens entre os
dois filhos. 13 Poucos dias mais tarde, o filho mais novo juntou tudo o que tinha
e partiu para um país distante. Ali desperdiçou toda a herança que tinha rece-
bido, vivendo uma vida libertina. 14 Quando ele já tinha gastado tudo, houve
uma grande fome por todo aquele país, e ele começou a passar necessidades.
15 Então ele foi procurar emprego com um dos cidadãos daquele país, que o

*mandou para sua fazenda para dar de comer aos porcos.* 16 *Ali, com fome, ele*
*desejava comer até mesmo das alfarrobas que os porcos comiam, mas ninguém*
*lhe dava nada.* 17 *Quando ele caiu em si, disse: "Quantos empregados de meu*
*pai têm comida de sobra, e eu estou aqui morrendo de fome!* 18 *Vou me levan-*
*tar, irei para a casa de meu pai, e lhe direi: Pai, pequei contra Deus e contra o*
*senhor* 19 *e nem mereço mais ser chamado seu filho. Aceite-me como um de seus*
*empregados".* 20 *Então ele se levantou e foi para a casa de seu pai. Enquanto*
*o moço ainda estava longe, o pai o viu e ficou comovido. Então, correu ao seu*
*encontro, abraçou-o e o beijou.* 21 *O filho lhe disse: "Pai, pequei contra Deus e*
*contra o senhor e não mereço mais ser chamado seu filho".* 22 *Mas o pai disse aos*
*seus servos: "Depressa! Tragam a melhor roupa e vistam-no com ela e ponham*
*um anel no seu dedo e sandálias nos seus pés.* 23 *Também tragam e matem o*
*bezerro gordo. Vamos comê-lo e nos alegrar.* 24 *Pois este meu filho estava morto*
*e voltou a viver; estava perdido e foi achado!" E todos começaram a festejar.*
25 *O filho mais velho estava no campo. Quando regressou, ao chegar perto da*
*casa, ouviu o barulho da música e da dança.* 26 *Então, chamou um dos servos*
*e perguntou-lhe o que estava acontecendo.* 27 *E ele disse: "O seu irmão voltou*
*para casa são e salvo, por isso seu pai mandou matar o bezerro gordo".* 28 *O*
*filho mais velho ficou muito irritado e não quis entrar em casa. Seu pai, então,*
*veio para fora e insistiu que ele entrasse.* 29 *Mas ele disse a seu pai: "Todos estes*
*anos eu tenho trabalhado para o senhor e nunca desobedeci a nenhuma de suas*
*ordens. Entretanto o senhor nunca me deu sequer um cabrito para eu poder*
*festejar com meus amigos!* 30 *Mas quando esse seu filho, que desperdiçou os seus*
*bens com prostitutas, volta, o senhor mata o bezerro gordo para ele".* 31 *O pai*
*então lhe disse: "Meu filho! Você está sempre comigo e tudo o que é meu é seu.*
32 *Mas nós tínhamos que festejar e nos alegrar, pois seu irmão estava morto e*
*agora voltou a viver; ele estava perdido e foi achado".*

## Exploração

1. Cite alguns traços do caráter de Deus destacados na parábola do filho pródigo.

_______________________________________________

_______________________________________________

2. O que acontece quando Deus concede às pessoas liberdade para fazerem escolhas próprias?

_______________________________________________

_______________________________________________

3. De que modo mostramos desrespeito à autoridade de Deus, como no caso do filho mais novo na história?

________________________________________

________________________________________

4. Por que momentos difíceis muitas vezes levam as pessoas ao arrependimento?

________________________________________

________________________________________

5. Como Deus responde às pessoas que confessam seus pecados e voltam para ele?

________________________________________

________________________________________

## Inspiração

A terna cena de um pai e um filho está capturada numa pintura. Atrás deles há uma grande casa sobre uma colina. Sob seus pés, um caminho estreito. Descendo a casa, o pai corre. Subindo a trilha, o filho se arrasta. Os dois se encontram no portão.

Não podemos ver o rosto do filho; está enterrado no peito do pai. Podemos ver a lama em seus calcanhares, a sujeira em seus ombros e a bolsa vazia no chão. Certa vez a bolsa esteve cheia de dinheiro. Certa vez o rapaz esteve cheio de orgulho. Mas isso foi há inúmeros botequins atrás. Agora, tanto a bolsa como o orgulho se esvaziaram. O pródigo não oferece presentes ou explicações. Tudo o que ele oferece é o cheiro de porcos e uma desculpa ensaiada. Ele se sente indigno de seus direitos como filho. O rapaz se contenta em ser um empregado. Só há um problema. Embora o jovem esteja disposto a deixar de ser filho, o pai não está disposto a deixar de ser pai.

Olhe para as lágrimas reluzentes no rosto enrugado do pai, o sorriso brilhante por entre a barba cinzenta. Um braço segura o rapaz para que ele não caia, o outro braço segura o rapaz bem perto para que ele não sinta receio.

"Depressa!", ele grita. "Tragam a melhor roupa e vistam-no com ela e ponham um anel no seu dedo e sandálias nos seus pés. Também tragam e matem o bezerro gordo. Vamos comê-lo e nos alegrar. Pois este meu filho estava morto e voltou a viver; estava perdido e foi achado!" (Lc 15.22-24, VFL).

É de imaginar como essas palavras atordoaram o rapaz. "Meu filho estava morto ...". Ele pensava que havia perdido sua posição em casa. Afinal, ele não abandonou seu pai? Não desperdiçou sua herança? O rapaz presumiu que não possuía mais o privilégio de filho. O pai, contudo, não desistiu fácil assim. Para ele, seu filho ainda era um filho. O rapaz pode ter andado fora de casa, mas nunca saiu do coração do pai. Ele pode ter deixado a mesa, mas jamais deixou a família.

Preste atenção nesta mensagem. Talvez você esteja disposto a deixar de ser filho de Deus. Mas Deus não está disposto a deixar de ser seu Pai.

Trecho de *A grande casa de Deus*

## Reação

6. Por que Deus aceita e perdoa pecadores?

________________________________________________

________________________________________________

7. Por que é importante perceber que Deus valoriza todas as pessoas da mesma forma?

________________________________________________

________________________________________________

8. Como você se sente ao saber que Deus conhece todas as suas falhas e ainda assim o ama?

________________________________________________

________________________________________________

9. Por que temos a tendência de tratar algumas pessoas melhor do que outras?

10. Como podemos combater nossa tendência a recusar amor a certas pessoas?

11. Pense em alguém que seja difícil amar. Como você pode mostrar o amor de Deus a essa pessoa?

## Lições de vida

Pai, irmão e filho rebelde — todos nós nos relacionamos de uma forma ou de outra com a história que Jesus contou. Muitas vezes, desempenhamos mais de um papel. Cada um dos papéis, porém, nos permite aprender algo sobre o amor. Deus concebeu os relacionamentos de tal maneira que cada relação em que partilhamos um papel se torna uma oportunidade para amar e ser amado. Outros podem nos desapontar, e é bem provável que desapontaremos outros. Somente Deus ama perfeitamente. Mas ele nos ajuda a amar melhor do que seríamos capazes com nossa própria força. De fato, *nós amamos porque Deus nos amou primeiro* (1Jo 4.19, VFL).

## Devoção

Pai, trememos diante de teu grande amor — amor tão imenso que sacrificaste teu único Filho para salvar os pecadores. Perdoa-nos por nossa rebeldia e desobediência. Dá-nos a força para nos afastarmos de nosso pecado e aceitarmos teu perdão. E te pedimos, Pai, que nos ajudes a ver as pessoas através de teus olhos amorosos.

- Para mais passagens bíblicas sobre o amor de Deus por nós, leia Deuteronômio 7.8; Jeremias 31.3; João 3.16; Romanos 5.8; Efésios 2.4-5; 1João3.1; 4.7-21.
- Para completar o evangelho de Lucas durante este estudo em doze partes, leia Lucas 15.1—18.43.

## Para pensar

Como eu posso agradecer a Deus por me tratar melhor do que mereço?

LIÇÃO 10

# ADORAÇÃO VERDADEIRA

## REFLEXÃO

Quando as celebridades chegam a um evento de gala, são recebidas com aplausos, tapetes vermelhos e um bombardeio estonteante de *flashes*. Em ocasiões mais formais, o caos é substituído por sussurros e comentários em voz baixa. Quando alguém importante aparece, os outros prestam atenção. Se Jesus fosse visitar sua igreja, como, em sua opinião, ele seria recebido? Você acha que ele se sentiria confortável? Ele seria notado? Explique.

## SITUAÇÃO

Inúmeras pessoas se dirigiam à cidade de Davi, Jerusalém, para a celebração anual da Páscoa. Em um gesto simbólico, Jesus montou num jumentinho, reencenando uma tradição antiga de um rei que vem em paz. Ele foi saudado com louvor e ramos de palmeira. Com o desenrolar da semana, porém, rapidamente ficou aparente que algumas pessoas tinham suas próprias prioridades. Elas esperavam que Jesus se tornasse o rei militar que os salvaria de Roma, mas ele tinha em mente um propósito muito maior.

## OBSERVAÇÃO

*Leia Lucas 19.28-48 da RA ou da VFL.*

Almeida Revista e Atualizada

*28 E, dito isto, prosseguia Jesus subindo para Jerusalém. 29 Ora, aconteceu*
*que, ao aproximar-se de Betfagé e de Betânia, junto ao monte das Oliveiras,*
*enviou dois de seus discípulos, 30 dizendo-lhes: Ide à aldeia fronteira e ali, ao*
*entrardes, achareis preso um jumentinho que jamais homem algum montou;*
*soltai-o e trazei-o. 31 Se alguém vos perguntar: Por que o soltais? Respondereis*

assim: Porque o Senhor precisa dele. 32 E, indo os que foram mandados, acharam
segundo lhes dissera Jesus. 33 Quando eles estavam soltando o jumentinho,
seus donos lhes disseram: Por que o soltais? 34 Responderam: Porque o Senhor
precisa dele. 35 Então, o trouxeram e, pondo as suas vestes sobre ele, ajuda-
ram Jesus a montar. 36 Indo ele, estendiam no caminho as suas vestes. 37 E,
quando se aproximava da descida do monte das Oliveiras, toda a multidão
dos discípulos passou, jubilosa, a louvar a Deus em alta voz, por todos os
milagres que tinham visto, 38 dizendo: Bendito é o Rei que vem em nome
do Senhor! Paz no céu e glória nas maiores alturas! 39 Ora, alguns dos fari-
seus lhe disseram em meio à multidão: Mestre, repreende os teus discípulos!
40 Mas ele lhes respondeu: Asseguro-vos que, se eles se calarem, as próprias
pedras clamarão.

41 Quando ia chegando, vendo a cidade, chorou 42 e dizia: Ah! Se conhece-
ras por ti mesma, ainda hoje, o que é devido à paz! Mas isto está agora oculto
aos teus olhos. 43 Pois sobre ti virão dias em que os teus inimigos te cercarão
de trincheiras e, por todos os lados, te apertarão o cerco; 44 e te arrasarão e
aos teus filhos dentro de ti; não deixarão em ti pedra sobre pedra, porque não
reconheceste a oportunidade da tua visitação.

45 Depois, entrando no templo, expulsou os que ali vendiam, 46 dizendo-
-lhes: Está escrito: A minha casa será casa de oração. Mas vós a transformastes
em covil de salteadores.

47 Diariamente, Jesus ensinava no templo; mas os principais sacerdotes, os
escribas e os maiorais do povo procuravam eliminá-lo; 48 contudo, não atina-
vam em como fazê-lo, porque todo o povo, ao ouvi-lo, ficava dominado por ele.

## Versão Fácil de Ler

28 Depois de ter dito estas coisas, Jesus seguiu adiante para Jerusalém.
29 Quando estava próximo de Betfagé e de Betânia, junto ao Monte das Oli-
veiras, Jesus enviou dois de seus discípulos, dizendo:

30 — Vão até aquela vila ali na frente. Chegando lá, vocês encontrarão
um jumentinho preso que nunca foi montado. Soltem-no e tragam-no aqui.
31 Se alguém lhes perguntar: "Por que vocês o estão soltando?", digam: "Porque
o Senhor precisa dele".

32 Os que tinham sido enviados foram e encontraram tudo exatamente
como ele tinha dito. 33 E, enquanto estavam desamarrando o jumentinho, os
donos lhes perguntaram:

— Por que vocês estão soltando o jumentinho?

34 Eles responderam:

— Porque o Senhor precisa dele.

35 Então levaram o jumentinho a Jesus, puseram as suas capas em cima

*do animal e ajudaram-no a montá-lo.* [36] *Enquanto Jesus seguia, as pessoas*
*estendiam suas capas pelo caminho.* [37] *Quando começaram a descer o Monte*
*das Oliveiras, toda a multidão de discípulos começou a louvar a Deus alegremente e em alta voz, por todos os milagres que tinham visto.* [38] *Eles diziam:*

*— "'Bendito é o Rei que vem em nome do Senhor'*
*Paz no céu e glória a Deus!"*

[39] *Alguns dos fariseus que estavam na multidão disseram a Jesus:*
*— Mestre, diga a seus discípulos que fiquem quietos!*
[40] *Ele respondeu:*
*— Eu lhes digo que, se eles ficarem quietos, as próprias pedras gritarão.*
[41] *Quando Jesus se aproximou e viu a cidade de Jerusalém, chorou* [42] *e disse:*
*— Se ao menos hoje você soubesse o que era preciso para conseguir a paz!*
*Mas você não pode ver, pois isso está escondido de seus olhos.* [43] *Dias virão*
*em que os seus inimigos levantarão barreiras à sua volta. Eles cercarão você*
*e marcharão contra você de todos os lados.* [44] *Eles destruirão completamente a*
*você e a todo o seu povo e não deixarão ficar uma pedra sobre outra, pois você não reconheceu o tempo em que Deus veio para lhe salvar.*
[45] *Ao entrar no templo, Jesus começou a expulsar de lá os vendedores,*
[46] *dizendo:*
*— As Escrituras dizem: "A minha casa será uma casa de oração". Vocês, porém, transformaram-na num "esconderijo de ladrões"!*
[47] *Jesus ensinava no templo todos os dias. Os líderes dos sacerdotes, os professores da lei e os líderes do povo estavam procurando um meio de matá-lo.*
[48] *No entanto, não conseguiam encontrar nenhuma forma de fazê-lo, pois todo o povo prestava muita atenção nas palavras dele.*

## Exploração

1. Por que o povo celebrou a entrada de Jesus em Jerusalém?

2. Por que Jesus chorou quando viu Jerusalém, enquanto todo o povo o louvava?

3. Liste algumas razões por que Jesus não toleraria a compra e a venda no templo.

______________________________________________

______________________________________________

4. Jesus chamou o templo de "casa de oração". Quão bem isso descreve nossas igrejas de hoje?

______________________________________________

______________________________________________

5. Que mensagem Jesus enviou aos líderes da igreja quando limpou o tempo?

______________________________________________

______________________________________________

## Inspiração

É um fato triste da fé, mas verdadeiro: a religião é usada para obter lucro e prestígio. Quando isso acontece, há dois resultados: as pessoas são exploradas e Deus fica enfurecido. Não há exemplo melhor disso do que este acontecimento no templo. O que Jesus viu? Mercenários. Vendedores da fé. As pessoas no templo fazendo uma franquia da fé.

Era a semana de Páscoa. A Páscoa era o ponto alto do calendário judaico. Pessoas vinham de todas as regiões e de muitos países para participar da celebração. Ao chegarem, eram obrigadas a cumprir duas exigências. Primeiro, o sacrifício de um animal, geralmente uma pomba. A pomba tinha de ser perfeita, sem defeito. Então, sob o pretexto de manter o sacrifício puro, os vendedores vendiam pombas — ao preço deles. Segundo, as pessoas tinham de pagar uma taxa, o imposto do templo na moeda local. Ciente de que muitos estrangeiros estariam em Jerusalém para pagar o imposto do templo, os cambistas convenientemente instalavam mesas e se ofereciam para cambiar o dinheiro estrangeiro — por uma taxa modesta, é claro.

Não é difícil perceber o que irritou Jesus. Peregrinos viajavam dias para ver a Deus, para testemunhar sua santidade, para adorar sua majestade. Mas antes de serem levados à presença de Deus, passavam pelos vigaristas.

"Basta disto", estava escrito por todo o rosto do Messias. Então ele explode. Pombas se agitam e mesas tombam. Pessoas saem correndo e comerciantes se dispersam. Não foi uma exibição impulsiva. Não foi um acesso de raiva. Foi um ato deliberado com uma mensagem intencional. Ciente de que seus dias se aproximavam do fim, ele escolheu apresentar um fato: Deus nunca terá por inocente aqueles que exploram o privilégio da adoração.

Trecho de *Quando os anjos silenciaram*

## Reação

6. Como você definiria adoração verdadeira?

________________________________________

________________________________________

7. Liste algumas coisas que podem interferir em nossa adoração.

________________________________________

________________________________________

8. Como podemos determinar se nossas motivações são puras quando vamos à igreja?

________________________________________

________________________________________

9. Liste algumas das maneiras do uso indevido da religião para interesses próprios que você tem visto alguém praticar.

________________________________________

________________________________________

10. Que responsabilidade temos na eliminação de atividades e comportamentos inapropriados na igreja?

11. Que medidas os cristãos podem tomar para proteger a igreja da exploração?

## Lições de vida

A adoração assume um tom muito diferente quando nos detemos tempo bastante para lembrar que Deus enxerga mais que ações externas. Nossos atos mecânicos podem impressionar outros e satisfazer nossas ideias acerca do que "os requisitos mínimos da adoração" implicam. Mas Deus vê nosso coração, nossas intenções, o fluxo de nosso pensamento. Embora muita atenção seja dada a estilos de adoração — contemporâneo *versus* tradicional, espontâneo *versus* litúrgico — todas essas preocupações empalidecem diante da questão última: o que Deus testemunha quando adoramos. Temos a atenção de Deus quando entramos em adoração. O que faremos dela?

## Devoção

Pai, perdoa-nos por nossa insinceridade e desonestidade. Queremos aprender a te adorar em espírito e verdade. Precisamos de ti, Pai, para ajudar-nos a testemunhar tua santidade, desfrutar tua glória e sentir tua presença. Que sejamos verdadeiramente gratos pelo privilégio de te adorar.

- Para mais passagens bíblicas sobre adoração, leia Josué 22.27; 1Crônicas 16.28-29; 2Crônicas 29.30; Salmos 95.6; Zacarias 14.17; Mateus 2.2; 28.9; João 4.24; Romanos 12.1.
- Para completar o evangelho de Lucas durante este estudo em doze partes, leia Lucas 19.1—20.47.

## Para pensar

Com base nessa passagem, que mudanças preciso fazer na minha forma de praticar adoração?

# O sacrifício de Cristo

## Reflexão

Um sacrifício deveria ser justamente isto: um sacrifício. Sacrifícios podem ser inconvenientes e custosos. Por definição, um sacrifício quase sempre envolve algum tipo de morte ou perda. Pense em alguma ocasião em que você abriu mão de algo por causa de um amigo. De que forma seu sacrifício ajudou essa pessoa?

## Situação

As seções fraudulentas de julgamento acabaram. O veredicto foi dado. O acusado se encaminha para o lugar da execução. Os detalhes dos últimos momentos assumem um peso extraordinário: um transeunte recrutado para ajudar a carregar a cruz, mulheres que assistem e choram, dois criminosos no corredor da morte quase esquecidos na multidão, e um sinal de escárnio — tudo isso gera uma assustadora cena de sacrifício. Ao revisitar a cena, o que você aprende acerca da cruz de Jesus Cristo?

## Observação

*Leia Lucas 23.26-49 da RA ou da VFL.*

Almeida Revista e Atualizada

26 *E, como o conduzissem, constrangendo um cireneu, chamado Simão, que vinha do campo, puseram-lhe a cruz sobre os ombros, para que a levasse após Jesus.*

27 *Seguia-o numerosa multidão de povo, e também mulheres que batiam*
*no peito e o lamentavam.* 28 *Porém Jesus, voltando-se para elas, disse: Filhas*
*de Jerusalém, não choreis por mim; chorai, antes, por vós mesmas e por vossos*
*filhos!* 29 *Porque dias virão em que se dirá: Bem-aventuradas as estéreis, que*

não geraram, nem amamentaram. 30 Nesses dias, dirão aos montes: Caí sobre
nós! E aos outeiros: Cobri-nos! 31 Porque, se em lenho verde fazem isto, que
será no lenho seco?

32 E também eram levados outros dois, que eram malfeitores, para serem
executados com ele.

33 Quando chegaram ao lugar chamado Calvário, ali o crucificaram, bem
como aos malfeitores, um à direita, outro à esquerda. 34 Contudo, Jesus dizia:
Pai, perdoa-lhes, porque não sabem o que fazem. Então, repartindo as vestes
dele, lançaram sortes. 35 O povo estava ali e a tudo observava. Também as
autoridades zombavam e diziam: Salvou os outros; a si mesmo se salve, se é,
de fato, o Cristo de Deus, o escolhido. 36 Igualmente os soldados o escarneciam
e, aproximando-se, trouxeram-lhe vinagre, dizendo: 37 Se tu és o rei dos ju-
deus, salva-te a ti mesmo. 38 Também sobre ele estava esta epígrafe [em letras
gregas, romanas e hebraicas]: ESTE É O REI DOS JUDEUS.

39 Um dos malfeitores crucificados blasfemava contra ele, dizendo: Não és
tu o Cristo? Salva-te a ti mesmo e a nós também. 40 Respondendo-lhe, porém,
o outro, repreendeu-o, dizendo: Nem ao menos temes a Deus, estando sob
igual sentença? 41 Nós, na verdade, com justiça, porque recebemos o castigo
que os nossos atos merecem; mas este nenhum mal fez. 42 E acrescentou: Jesus,
lembra-te de mim quando vieres no teu reino. 43 Jesus lhe respondeu: Em
verdade te digo que hoje estarás comigo no paraíso.

44 Já era quase a hora sexta, e, escurecendo-se o sol, houve trevas sobre
toda a terra até à hora nona. 45 E rasgou-se pelo meio o véu do santuário.
46 Então, Jesus clamou em alta voz: Pai, nas tuas mãos entrego o meu espírito!
E, dito isto, expirou. 47 Vendo o centurião o que tinha acontecido, deu glória a
Deus, dizendo: Verdadeiramente, este homem era justo. 48 E todas as multi-
dões reunidas para este espetáculo, vendo o que havia acontecido, retiraram-se
a lamentar, batendo nos peitos. 49 Entretanto, todos os conhecidos de Jesus e as
mulheres que o tinham seguido desde a Galileia permaneceram a contemplar
de longe estas coisas.

## Versão Fácil de Ler

26 Então os soldados levaram a Jesus. No caminho, encontraram um homem
de Cirene, chamado Simão, que vinha do campo. Eles o agarraram, puseram
a cruz de Jesus sobre ele e o obrigaram a carregá-la, seguindo atrás de Jesus.

27 Uma grande multidão o seguia, incluindo algumas mulheres que la-
mentavam e choravam por ele. 28 Jesus se voltou e disse a elas:

— Não chorem por minha causa, filhas de Jerusalém! Chorem, sim, por
vocês mesmas e por seus filhos, 29 pois vão chegar os dias em que as pessoas

dirão: "Felizes das mulheres estéreis, das que nunca tiveram filhos e também das que nunca amamentaram". 30 E dirão às montanhas: "Caiam sobre nós!" e aos montes: "Cubram-nos!" 31 Pois, se as pessoas fazem estas coisas quando a árvore ainda está verde, o que acontecerá quando a árvore estiver seca?

32 Dois outros homens, ambos criminosos, também estavam sendo levados com ele para serem mortos.

33 Quando chegaram a um lugar chamado "A Caveira", crucificaram a Jesus e os dois criminosos, um à sua direita e outro à sua esquerda. 34 Então Jesus disse:

— Pai, perdoe-lhes, pois eles não sabem o que fazem.

E os soldados sortearam as roupas de Jesus entre eles. 35 O povo permanecia ali, observando, e os líderes faziam pouco dele, dizendo:

— Já que ele salvou outros, que salve a si mesmo, se é que ele é mesmo o Cristo, o escolhido de Deus!

36 Os soldados também se aproximaram e faziam pouco dele e lhe ofereceram vinagre de vinho. 37 E diziam:

— Salve a si mesmo se você é o Rei dos judeus!

38 Acima dele havia uma inscrição que dizia: "ESTE É O REI DOS JUDEUS".

39 Um dos criminosos suspensos na cruz o insultava e dizia:

— Você não é o Cristo? Então salve a si mesmo e a nós!

40 Mas o outro repreendeu o primeiro e disse:

— Você não teme a Deus? Nós estamos debaixo da mesma condenação! 41 A nossa condenação é justa, pois merecemos este castigo por causa do que fizemos. Mas este homem não fez mal nenhum!

42 E depois disse:

— Jesus, lembre-se de mim quando o senhor entrar no seu reino.

43 E Jesus lhe respondeu:

— Digo-lhe a verdade: Hoje mesmo você estará comigo no Paraíso.

44 Era mais ou menos meio-dia quando uma escuridão cobriu toda a terra até às três horas 45 e, durante esse período, o sol não brilhou. A cortina do templo se rasgou pelo meio 46 e Jesus exclamou em voz alta:

— Pai, em suas mãos eu entrego o meu espírito!

E, depois de dizer isto, ele morreu.

47 Quando o oficial romano viu o que tinha acontecido, louvou a Deus e disse:

— Esse homem era realmente inocente.

48 Quando todas as pessoas que tinham se reunido para o espetáculo viram o que tinha acontecido, foram embora batendo no peito. 49 Todos aqueles que o conheciam ficaram de longe para observar estas coisas. As mulheres que tinham seguido a Jesus desde a Galileia também estavam com eles.

## Exploração

1. Por que o sacrifício de Jesus era necessário para restaurar o relacionamento entre Deus e o homem?

2. Quais traços de caráter Jesus demonstrou durante as horas anteriores a sua morte?

3. Como os cristãos deveriam tentar imitar a atitude de perdão de Cristo?

4. Qual foi o significado do véu rasgado no templo que conduzia ao Lugar Santíssimo no momento da morte de Cristo?

5. Por que Jesus se submeteu ao plano de Deus para a salvação do mundo?

## Inspiração

O Rei olhou para o Príncipe da Luz. "A escuridão será imensa." Ele passou a mão sobre o rosto imaculado do Filho. "A dor será terrível." Então ele fez uma pausa e olhou para seu domínio escurecido. Quando ergueu a cabeça, seus olhos estavam úmidos. "Mas não há outra opção".

O Filho olhou para as estrelas ao ouvir a resposta. "Então, que assim seja feito".

Lentamente, as palavras que matariam o Filho começaram a sair dos lábios do Pai.

"Hora da morte, momento de sacrifício, é o seu momento. Ensaiado milhões de vezes em altares falsos com cordeiros falsos; o momento da verdade chegou.

"Oh, meu Filho, meu Filho. Olhe para os céus e veja o meu rosto antes que eu o vire. Ouça a minha voz antes que eu a silencie. Ah, se eu pudesse salvar tanto a você quanto a eles. Mas eles não veem e eles não ouvem.

"Os vivos têm de morrer para que os mortos possam viver. É tempo de matar o Cordeiro".

Deus deve ter chorado ao realizar sua tarefa. Cada mentira, cada tentação, cada ato feito nas sombras estava naquele cálice. Lentamente, horrendamente, foram absorvidos no corpo do Filho. O ato final da encarnação.

A sala do trono está escura e cavernosa. Os olhos do Rei estão fechados. Ele descansa.

Em seu sonho, ele está no Éden mais uma vez. A brisa da noite flutua ao longo do rio enquanto os três caminham. Eles falam do Jardim — de como ele é, de como será.

"Pai...", o Filho começa a dizer. O Rei reproduz a palavra. Pai. Pai. A palavra era uma flor, de pétalas delicadas, e ainda assim tão facilmente esmagada. Oh, como ele ansiava ouvir seus filhos o chamarem de Pai novamente.

Um ruído o desperta de seu sonho. Ele abre os olhos e vê uma figura transcendental resplandecendo na porta. "Está consumado, Pai. Estou de volta ao lar".

TRECHO DE *SEIS HORAS DE UMA SEXTA-FEIRA*

## REAÇÃO

6. Explique o significado da morte de Jesus na cruz.

________________________________________

________________________________________

7. Por que é importante aceitar o sacrifício de Cristo em nosso favor?

8. Por quais razões as pessoas rejeitam a dádiva divina da salvação?

9. Como nossa vida seria diferente se Jesus jamais tivesse morrido e ressuscitado?

10. Qual é sua sensação ao pensar na dor e na angústia que Jesus suportou por você?

11. A que pessoa você pode falar sobre a obra de Cristo na cruz?

## Lições de vida

O restante dos relatos do evangelho deixa claro que Jesus foi para a cruz voluntariamente. Ele não morreu porque os outros eram mais fortes ou porque merecia o tratamento que recebeu. Ele tinha uma razão para entregar a vida muito além das circunstâncias imediatas. Sua oração na cruz para que seus executores fossem perdoados deveriam provocar algo dentro de nós — pois, pecadores que somos, partilhamos a causa de sua morte. Sua promessa do paraíso ao criminoso arrependido deveria fazer que nosso coração saltasse e nossos lábios sussurrassem: "Eu também, Senhor!"

Isso acontece? Apropriar-se pessoalmente da morte de Cristo é a lição mais valiosa que poderíamos aprender. Não só é de valor inestimável; é também eterna.

## Devoção

Senhor, tu te propuseste a sofrer dor, escárnio e até a morte por nós. Como podemos te agradecer? Tudo o que podemos oferecer-te é nosso coração e nossa vida. Ajuda-nos a te amar e te obedecer até nos encontrarmos face a face no céu. E enquanto aguardamos esse dia, usa-nos para levar outros a um relacionamento correto contigo.

- Para mais passagens bíblicas sobre o sacrifício de Jesus, leia Romanos 3.23-26; 8.32; 1Coríntios 5.7; Gálatas 1.3-4; 2.20; Efésios 5.2; 1Timóteo 2.5-6; Tito 2.12-14; Hebreus 7.27; 9.23-28; 10.9-18; 1João 2.1-2; 4.10.
- Para completar o evangelho de Lucas durante este estudo em doze partes, leia Lucas 21.1—23.56.

## Para pensar

Como posso mostrar minha apreciação pelo que Jesus Cristo fez por mim?

# VENDO JESUS

## REFLEXÃO

Se você conhece Jesus pessoalmente, é provável que alguém o tenha lhe apresentado. Pode ser que muitas pessoas estiveram envolvidas em sua vinda à fé. Reserve alguns minutos para pensar nas pessoas através de quem Deus trabalhou para comunicar sua mensagem de amor por você. Quem o ajudou a entender sua necessidade por um relacionamento com Jesus?

## SITUAÇÃO

As notícias da ressurreição de Jesus se espalharam como fogo, embora seus seguidores apresentassem dificuldade em crer. Dois dos que creram deixaram Jerusalém e se dirigiam a Emaús. Enquanto andavam e conversavam, um homem se juntou a eles — um homem que fez perguntas interessantes e parecia curiosamente ignorar os acontecimentos recentes em Jerusalém. Os dois viajantes ficaram impressionados com quanto o estranho sabia sobre Jesus e as antigas Escrituras. A companhia dele era tão amigável que não puderam resistir e o convidaram a ficar com eles naquela noite. Foi nesse momento que seus olhos realmente se abriram.

## OBSERVAÇÃO

*Leia Lucas 24.13-35 da RA ou da VFL.*

Almeida Revista e Atualizada

*13 Naquele mesmo dia, dois deles estavam de caminho para uma aldeia
chamada Emaús, distante de Jerusalém sessenta estádios. 14 E iam conver-
sando a respeito de todas as coisas sucedidas. 15 Aconteceu que, enquanto con-
versavam e discutiam, o próprio Jesus se aproximou e ia com eles. 16 Os seus*

*olhos, porém, estavam como que impedidos de o reconhecer.* 17 *Então, lhes perguntou Jesus: Que é isso que vos preocupa e de que ides tratando à medida que caminhais? E eles pararam entristecidos.* 18 *Um, porém, chamado Cleopas, respondeu, dizendo: És o único, porventura, que, tendo estado em Jerusalém, ignoras as ocorrências destes últimos dias?* 19 *Ele lhes perguntou: Quais? E explicaram: O que aconteceu a Jesus, o Nazareno, que era varão profeta, poderoso em obras e palavras, diante de Deus e de todo o povo,* 20 *e como os principais sacerdotes e as nossas autoridades o entregaram para ser condenado à morte e o crucificaram.* 21 *Ora, nós esperávamos que fosse ele quem havia de redimir a Israel; mas, depois de tudo isto, é já este o terceiro dia desde que tais coisas sucederam.* 22 *É verdade também que algumas mulheres, das que conosco estavam, nos surpreenderam, tendo ido de madrugada ao túmulo;* 23 *e, não achando o corpo de Jesus, voltaram dizendo terem tido uma visão de anjos, os quais afirmam que ele vive.* 24 *De fato, alguns dos nossos foram ao sepulcro e verificaram a exatidão do que disseram as mulheres; mas não o viram.* 25 *Então, lhes disse Jesus: Ó néscios e tardos de coração para crer tudo o que os profetas disseram!* 26 *Porventura, não convinha que o Cristo padecesse e entrasse na sua glória?* 27 *E, começando por Moisés, discorrendo por todos os Profetas, expunha-lhes o que a seu respeito constava em todas as Escrituras.*

28 *Quando se aproximavam da aldeia para onde iam, fez ele menção de passar adiante.* 29 *Mas eles o constrangeram, dizendo: Fica conosco, porque é tarde, e o dia já declina. E entrou para ficar com eles.* 30 *E aconteceu que, quando estavam à mesa, tomando ele o pão, abençoou-o e, tendo-o partido, lhes deu;* 31 *então, se lhes abriram os olhos, e o reconheceram; mas ele desapareceu da presença deles.* 32 *E disseram um ao outro: Porventura, não nos ardia o coração, quando ele, pelo caminho, nos falava, quando nos expunha as Escrituras?* 33 *E, na mesma hora, levantando-se, voltaram para Jerusalém, onde acharam reunidos os onze e outros com eles,* 34 *os quais diziam: O Senhor ressuscitou e já apareceu a Simão!* 35 *Então, os dois contaram o que lhes acontecera no caminho e como fora por eles reconhecido no partir do pão.*

## Versão Fácil de Ler

13 *Naquele mesmo dia, dois dos discípulos estavam indo para uma vila chamada Emaús, situada mais ou menos a onze quilômetros de Jerusalém.* 14 *Eles estavam conversando a respeito das coisas que tinham acontecido.* 15 *Enquanto falavam e discutiam sobre o assunto, o próprio Jesus se aproximou e começou a andar com eles.* 16 *Eles, porém, foram impedidos de o reconhecer.* 17 *Jesus lhes perguntou:*

*— Sobre o que vocês discutiam pelo caminho?*

*Eles pararam e pareciam estar bem tristes.* 18 *Cléopas, um deles, lhe disse:*

*— Você deve ser a única pessoa viva em Jerusalém que não sabe o que aconteceu por lá nestes últimos dias!*

[19] *E Jesus perguntou:*

*— Do que vocês estão falando?*

*Eles lhe disseram.*

*— É a respeito de Jesus de Nazaré, um homem profeta poderoso em palavras e obras aos olhos de Deus e de todo o povo.* [20] *Os nossos líderes e os líderes dos sacerdotes o entregaram para ser condenado à morte e o crucificaram.* [21] *Nós tínhamos esperança de que ele iria ser o libertador de Israel! Além de tudo isso, já faz três dias que essas coisas aconteceram* [22] *e algumas mulheres do nosso grupo nos surpreenderam, pois elas foram ao túmulo hoje de manhã cedo* [23] *e não encontraram o corpo dele. Então elas voltaram e nos disseram que tinham tido uma visão, na qual anjos lhes tinham dito que ele estava vivo.* [24] *Então, alguns daqueles que estavam conosco também foram ao túmulo e o encontraram exatamente como as mulheres tinham dito, mas não viram a Jesus.*

[25] *Então Jesus lhes disse:*

*— Vocês são tolos e demoram muito para acreditar em todas as coisas que os profetas disseram.* [26] *Por acaso não era necessário que o Cristo sofresse essas coisas antes de entrar na sua glória?*

[27] *Depois, Jesus explicou a eles tudo o que os profetas tinham dito a respeito dele em todas as Escrituras, começando por Moisés.* [28] *Eles estavam se aproximando da cidade para onde iam e Jesus fez como quem ia para mais longe.* [29] *Mas eles insistiram para que ele ficasse, dizendo:*

*— Fique conosco porque é quase noite e o dia já está acabando.*

*Então ele entrou e ficou com os dois discípulos.* [30] *Quando Jesus estava à mesa com eles, pegou o pão, deu graças e o repartiu entre eles.* [31] *Enquanto ele repartia o pão, os olhos deles se abriram e eles o reconheceram, mas Jesus desapareceu.* [32] *Então um disse ao outro:*

*— Não parecia que os nossos corações estavam queimando dentro do peito quando ele falava conosco durante o caminho, explicando as Escrituras?*

[33] *E imediatamente eles se levantaram e voltaram para Jerusalém, onde encontraram os onze apóstolos reunidos com os outros.* [34] *Os apóstolos e os outros disseram:*

*— O Senhor ressuscitou de verdade! Ele apareceu a Simão!*

[35] *Então os dois também contaram o que lhes tinha acontecido no caminho e como tinham reconhecido a Jesus quando ele partiu o pão.*

## Exploração

1. Liste alguns equívocos comuns a respeito de Jesus Cristo e seu ministério.

2. O que impede as pessoas de reconhecer e aceitar Jesus como Salvador?

3. De que maneiras diferentes Jesus se revela às pessoas?

4. Por que Jesus se fez conhecido a algumas pessoas e a outras não?

5. Que papel o Espírito Santo desempenha para ajudar-nos a ver Jesus?

## Inspiração

Jesus. Você o viu? Os que o viram primeiro nunca foram os mesmos.

— Meu Senhor e meu Deus! — exclamou Tomé.

— Eu vi o Senhor! — afirmou Maria Madalena.

— Vimos a sua glória — declarou João.

— O nosso coração não estava queimando enquanto ele nos falava? — regozijaram-se os discípulos de Emaús.

Mas Pedro fez a melhor declaração:

— Nós fomos testemunhas oculares da sua majestade.

Sua majestade. O imperador de Judá. A águia sublime da eternidade. O nobre almirante do Reino. Todo o esplendor do céu revelado em um corpo humano. Por um período tão breve, as portas da sala do trono estiveram abertas e Deus chegou mais perto. Sua majestade foi vista. O céu tocou a terra e, como consequência, a terra pôde conhecer o céu. Em paralelo surpreendente, um corpo humano abrigou a divindade. A santidade e a natureza terrena interligadas.

Este não é um messias qualquer. Sua história foi extraordinária. Ele classificou a si mesmo de divino; contudo, permitiu que um soldado de baixo escalão de Roma lhe infligisse um prego no pulso. Ele exigiu pureza; contudo, posicionou-se pelos direitos de uma prostituta arrependida. Ele chamou os homens para marchar; contudo, recusou permitir que o chamassem de Rei. Ele enviou homens para todo o mundo; contudo, equipou-os apenas com joelhos dobrados e as lembranças de um carpinteiro ressurreto.

Não podemos considerá-lo apenas um bom mestre. As afirmações dele são extradordinárias demais para limitá-lo à companhia de Sócrates ou Aristóteles. Tampouco podemos classificá-lo como um dos muitos profetas enviados para revelar verdades eternas. Suas próprias afirmações eliminam essa possibilidade.

Já se passou um tempo desde que você o viu? Se suas orações parecem insípidas, a resposta provavelmente é sim. Se sua fé parece tremulante, talvez sua visão dele tenha obscurecido. Se não consegue encontrar poder para encarar os problemas, talvez seja hora de encará-lo.

TRECHO DE *DEUS CHEGOU MAIS PERTO*

## REAÇÃO

6. Como o encontro com Jesus pode mudar a vida de alguém?

7. Descreva seu primeiro encontro com Jesus.

8. Como seu relacionamento com Jesus tem crescido e amadurecido?

---

---

9. Como os problemas e as decepções da vida podem interferir em sua comunhão com Deus?

---

---

10. O que os cristãos podem fazer quando Deus parece distante?

---

---

11. Que medidas você pode tomar para cultivar seu relacionamento com Jesus?

---

---

## Lições de vida

Talvez este estudo se transforme em uma lição do tipo "caminho de Emaús" para você. Você achou que conhecia Jesus, mas descobriu que há muito mais a respeito dele do que imaginava. Somente você pode dizer se este foi o início ou o aprofundamento de um relacionamento. Mas esteja certo disto: da mesma forma que Jesus se fez inesperadamente disponível e conhecido a esses discípulos no caminho, ele fará a você. Nos momentos em que menos esperar, ele vai aparecer e fazer a diferença. Viva sua vida *para* ele e se encantará com quão frequentemente você se dá conta de que está vivendo *com* ele.

## Devoção

Pai, obrigado por enviares teu Filho para nos libertar da pena do pecado. Obrigado porque ele ressuscitou dos mortos e vive hoje.

E obrigado por concederes teu Espírito Santo para nos ajudar a reconhecer e aceitar Jesus como nosso Salvador. Guia-nos a um relacionamento mais profundo contigo, de modo que quando passarmos por momentos difíceis, possamos recorrer-te e descansar seguros em tua presença. Obrigado por apareceres também em nossa estrada da vida.

- Para mais passagens bíblicas sobre conhecer Jesus, leia João 10.14-27; Efésios 1.15-17; Filipenses 3.8-10; 2Timóteo 1.12; 1João 2.3-6,29; 3.1-3; 4.13-16.
- Para completar o evangelho de Lucas durante este estudo em doze partes, leia Lucas 24.1-53.

## Para pensar

Como meu encontro com Jesus impactou minha vida?

## NOTA AO LEITOR

Os textos da seção "Inspiração" foram traduzidos diretamente dos originais em inglês de Max Lucado.

Os livros a seguir foram publicados por W Publishing Group, uma divisão da Thomas Nelson, Inc., Nashville, Tennessee, EUA. Quando for o caso, apresentamos entre colchetes as correspondentes versões em português.

*And the Angels Were Silent*. Copyright © 1992, 2004 de Max Lucado. [*Quando os anjos silenciaram*. Campinas: United Press, 1999].

*God Came Near*. Copyright © 1987, 2004 de Max Lucado. [*Deus chegou mais perto*. São Paulo: Vida Cristã, 1992].

*He Still Moves Stones*. Copyright © 1993 de Max Lucado. [*Ele ainda remove pedras*. Rio de Janeiro: CPAD, 2005].

*Just Like Jesus*. Copyright © 1998 de Max Lucado. [*Simplesmente como Jesus*. Rio de Janeiro: CPAD, 2005].

*Six Hours One Friday*. Copyright © 2004 de Max Lucado [*Seis horas de uma sexta-feira*. São Paulo: Editora Vida, 2010].

*The Great House of God*. Copyright © 1995 de Max Lucado. [*A grande casa de Deus*. Rio de Janeiro: CPAD, 2001].

Os seguintes livros foram publicados por outras editoras:

*It's Not About Me*. Copyright © 2004 de Max Lucado. Brentwood, Tennessee: Integrity Publishers. [*Isto não é para mim*. Rio de Janeiro: CPAD, 2005].

*Shaped by God* (publicado anteriormente como *On The Anvil*). Copyright © 2001 de Max Lucado. Wheaton, Illinois: Tyndale House Publishers. [*Moldado por Deus*. São Paulo: Proclamação, 2010].

Coleção lições de vida

## Max Lucado

- *O evangelho de João*
- *O evangelho de Marcos*
- *O evangelho de Mateus*

Compartilhe suas impressões de leitura escrevendo para:
opiniao-do-leitor@mundocristao.com.br
Acesse nosso *site*: www.mundocristao.com.br


*Diagramação:* Triall Composição Editorial Ltda.
*Fonte:* Adobe Caslon Pro
*Gráfica:* Imprensa da Fé
*Papel:* Offset 63 g/m² (miolo)
Cartão 250 g/m² (capa)